U0077550

時兆文化

…變的時代
什麼人生功課，才最值得學？

> 該追求小確幸、還是逆風高飛？
> 且看聖經如何為你預備
人生真、善、美！

聖經教導
年輕人的
（告青年書精簡版）

messages to young people

15堂課

HOLY
BIBLE

懷愛倫 / 著
Ellen G. White

目錄

聖經教導
年輕人的 15
(吾吾年青精簡版)

壹課

SHARE

HOW TO
SAY
"NO"

導言

WORK
HARDER!

堅持
主愛

Jesus
is
Love

　　我對於青年關懷至深，極願看到他們努力培養完美的基督化品格，並藉著殷勤的學習和懇切的祈禱，盡力取得必要的訓練，使他們為主所做的聖工得到喜悅。我切望看到他們彼此幫助，達到基督徒經驗中崇高的水準。

　　基督來將救恩之道教導人類，祂已將這道明白地顯示出來，甚至連小孩子也能行在其中。祂囑咐祂的門徒要追求認識耶和華；他們若每天順從祂的引導，就必得知祂的出現猶如晨光。

　　你曾留意過旭日初升、清晨破曉的光景嗎？看那黎明的曙色漸漸增強，直到紅日顯現，隨著陽光越加普照而更加明亮，直到輝煌的日午。這是個美妙的例證，說明上帝為祂兒女在完成基督徒經驗上所切願成就的。當我們每天行在祂所賜予的光中，樂意順從祂的要求，我們的經驗就必日益增進擴大，直到我們在基督耶穌裡達到長大成人的身量。

　　青年需要將基督所遵循的途徑時常擺在面前。每走一步都是得勝的道路。基督並沒有以君王的身分到世上來統治列國。祂以一個卑微的人而來，忍受並戰勝了試探；祂也和我們一樣，必須追求認識耶和華。我們研究祂的生平，就可以明白上帝要藉著祂，為自己的兒女完成何等大的事。我們也會發現，不論我們所遭受的試煉有多大，總無法超越基督為使我們認識道路、真理和生命所需忍受的試煉。我們要藉著終生效學祂的榜樣，以表示感激祂為我們所做的犧牲。

青年是用無限的代價，就是上帝兒子的寶血所買來的。應當要思考天父願意讓祂兒子獻為祭物時的犧牲，也要細想基督離開天庭和王座，捨生為人而作常獻的祭物時所放棄的一切。祂遭受責罵和凌辱，忍受惡人加在祂身上的一切嘲弄，並在完成地上的任務時，還須遭受十字架的死。應當思考祂在十字架上的痛苦——那穿透祂手腳的鐵釘，那從祂所要拯救之人而來的譏笑和侮辱，和天父向祂掩面不看的痛苦。可是基督竟藉著這一切，使所有人都能得到堪稱與上帝同等的生命。

耶穌是忠實的良友

當基督升天見父時，祂並沒有撇下祂的門徒孤立無援。有聖靈為祂的代表，並有眾天使作服役的靈，奉差遣援助那些凡處在極為劣勢的情勢下為真道打美好之仗的人們。總要記得耶穌是你的幫助者，無人能像祂一樣瞭解你品格上的特質。祂垂顧你，如果你願意接受祂的領導，祂就必以向善的感化力環繞你，使你得以成全祂為你所定的旨意。

我們在今生乃是為永生作準備。再過不久，將要舉行一次大檢閱，那時每一力圖達成完美基督化品格的人，都必須受到上帝查問的考驗：你是否已立下榜樣，使別人能效法你？你是否時刻保守你的靈魂，好像那將來要交賬的人？天上的全軍都在關注著青年；他們極願你能經得起考驗，以致將來對你說嘉獎的話：「好，你這又良善又忠心的僕人；……可以進來享受你主人的快樂。」

　　但願青年們都能記住，他們必須要此世為永生建造品格，而且上帝也要他們盡力而為。但願經歷豐厚之人能照顧較為年輕的人；看到他們遭遇試探的時候，就應當讓他們來到你的身邊一同祈禱，並為他們代禱。主要我們對祂所要拯救的人表示關懷，藉以承認基督為我們所做的偉大犧牲。如果青年肯尋找基督，祂就必使他們的努力大有成效。（懷愛倫，見 1911 年 11 月 21 日《青年導報》）

　　「不可叫人小看你年輕；總要在言語、行為、愛心、信心、清潔上，都作信徒的榜樣。」（提前 4：12）

聖經教導
年輕人的
（告青年書精簡版）

15
堂課

第一篇

上帝對
青年立下
的目標

上帝為要使這工作的各部分都可以向前推進，就號召強壯、熱心、勇敢和充滿氣概之人。祂已揀選青年人來幫助推進祂的聖工。要用清醒的頭腦籌劃，用果敢的策略執行，有賴於生動而無殘缺的精力。上帝呼召青年男女要將他們青年時期的精力獻給上帝，藉著他們所能運用的能力、靈敏的思想、活潑的行動，就可以使上帝得榮耀，使同胞蒙救恩。（《傳道良助》第 67 頁）

對青年的呼召

上帝要青年作熱忱的人，使他們能在祂崇高之工做好行動的準備，並適合承擔責任。上帝呼召一切心靈純潔、堅強又勇敢的青年，立志奮勇地應付當前的鬥爭，得以榮耀上帝，造福人群。如果青年人肯專一研讀《聖經》，控制自己強烈的慾望，靜聽他們創造主和救贖主的聲音，他們就不但能與上帝和好，且必發現自己變為尊貴而高尚。我的青年朋友，為了你永生的福利，當聽從上帝聖言中的教訓，因為這些教訓對你具有無法估計的重要性。

我勸告你務必要做個智慧人，要思考荒唐度日且不受聖靈約束的結局將會如何。「不要自欺，上帝是輕慢不得的；人種的是什麼，收的也是什麼。順著情慾撒種的，必從情慾收敗壞。」務必要為你的靈性，並為那位捨己救你脫離敗亡的基督之故，在你一生的開端

加以考慮，將你的責任、機會和一切的可能性，都仔細權衡一番。上帝已將預備接下崇高命運的機會賜給你了。你的感化力可以證明上帝的真理；你可以在救贖人類的偉大工作上與上帝同工。⋯⋯

崇高使命的呼召

但願青年們能重視那呼召他們的崇高使命！要慎重考慮你步行的道路。要抱著高尚而聖潔的目標開始你的工作，並決心倚靠上帝恩典的大能，就不致偏離正路。如果你一開始就朝著錯誤的方向走去，那麼每一步都必充滿危險與災害，而你也就必日益偏離真理、安全和成功的道路了。你需要上帝的大能來加強你的智力，使你的道德力甦醒。

上帝的聖工需要人獻上最卓越的能力，而且許多地方正迫切需求有學養的青年人。現在急需那能加以交託的人，到莊稼熟透的廣闊之地工作。即使是才能平凡的青年，只要完全獻身給上帝而未受罪惡與污穢的腐化，也必獲得成功，並能為上帝做一番偉大的工作。青年人須留意這勸勉，並要做個冷靜沉著之人。

不知有多少青年將上帝所賜的精力虛耗在愚妄和放蕩之中！在我面前不知湧現了多少傷痛的經歷，就是青年人因放縱惡習，使他在智力、德力和體力上成為無用之人。他們因追求罪中之樂，以致他們的身體衰敗，生命的效能也大受損傷。

現今放蕩無羈的青年人啊，我奉勸你，務要悔改，與上帝同

工。你的一生當學習去造福和拯救他人。如果你向上帝尋求幫助，祂的能力必在你裡面運行，消弭一切對抗的權勢，你也必因真理而成聖。罪惡在今日的青年人中驚人地得逞，但你要立志盡你所能的搶救生靈，使他們脫離撒但的權勢。

作擎光者

你無論往何處去，總要帶著亮光；要顯明你有堅強的意志，而並非優柔寡斷的人，容易受惡友的影響。不可輕易附和那些不敬重上帝之人的建議，卻要力圖改正、挽回，並搶救人們脫離邪惡。

要時常祈禱，以柔和謙卑的精神勸誡那些自相矛盾的人。你若拯救一個生靈轉離錯路、歸於基督的旗下，將使天庭喜樂，並在你喜樂的冠冕上加添一顆明星。一個生靈得救之後，就必因他敬虔的感化力，引領其他的人認識救恩，如此，這工作就必增進不已；至於其成就如何，惟有到審判的日子才能顯明。

不要自認成就甚小而躊躇不前、不為主作工。當在你所做的小事上盡忠；因為上帝將與你付出的努力合作。祂必將你的名字寫在生命冊上，承認你配得進去享受主人的快樂。惟願我們懇切地求主興起許多工人，因為莊稼已經熟透，要收的莊稼多，作工的人少。

懷抱遠大理想

青年人應有遠大的理想、聰明的計畫，極力善用所有的機會，並接受那先前鼓舞使徒的靈感與勇氣。約翰說：「少年人哪，我曾

寫信給你們，因為你們剛強，上帝的道存在你們心裡，你們也勝了那惡者。」崇高的標準現已擺在青年面前，上帝正在邀請他們來為祂從事實際的服務。凡誠心樂意在基督門下學習的青年，必能為主成就一番偉大的工作，只要他們願意聽從「元帥」代代相承至今的命令：「要作大丈夫，要剛強。」

你們要做謙卑與上帝同行的人，要以上帝賜給你們的勇氣站在祂面前，沒有一點污穢、不受那敗壞今世的邪淫沾染。你們必須做蔑視一切虛偽與邪惡的人，敢於做誠實勇敢的豪傑，高舉以馬內利大君灑滿寶血的旌旗。你若將才能為主所用就必增長，而那位付出無限代價將你贖回的主也必視其為珍寶。不可只因你不能做一番大事就坐失良機，一無所為，卻要盡心努力去做你手頭的工作。

召入上帝的軍隊

基督正在徵召志願軍加入祂的隊伍之中，並在世人面前高舉十字架的旗號。教會正因缺乏協助青年人勇於為主做見證而逐漸萎靡不振；青年人能以熾烈的熱忱激發上帝之民萎靡已久的活力，藉此加強教會在世界中的力量。青年人是教會與世界所需，因為他們是要去抗爭世俗潮流，並能揚聲警告人不可誤入於罪惡道途的青年。

可是凡決心事奉上帝並獻身從事聖工的人，必先除淨他們心殿中的一切污穢，並尊崇基督為他們內心的主。這樣，他們才能在自己的基督徒服務中發揮力量，並顯出高度的熱忱勸勉人與基督和好。本會青年是否願意答應基督的邀請，說：「我在這裡，請差遣

我？」青年人啊，上前線去！表明自己是與基督同工的，擔負起基督所交付的工作，繼續推進直到完成使命。（1891 年 6 月 16 日《評論與通訊》）

品格的要素

上帝並沒有教導青年人不可懷有大志。在人群中致勝並得尊榮的品格素養，就是對良善滿懷心胸的渴望、不屈不撓的意志、發奮的努力和不倦的堅忍，這都是無法被擊潰的。（《先祖與先知》第 611 頁）

尋求上帝的喜悅

上帝給我們每個人一份特殊的工作要做。當我們看到世界上許多罪行在法庭上被揭露、被刊登在每日的新聞，就應更加親近上帝，並憑著活潑的信心把握祂各樣的應許，使基督的恩典在我們身上彰顯出來。我們可以在世上發揮一種強大的感化力。倘若上帝使人知罪的大能與我們同在，我們就能引領陷於罪中的人悔改。

我們樸實的作風必能在這工作上獲得成就。這並不是要我們攀爬高位或博取世人的稱許。我們的目標不應追求為尊為大。我們要專心致力於榮耀上帝。我們須運用上帝所賜的一切才智來工作，並將自己置於光明的大道上，使上帝的恩惠能降在我們身上，將我們按照神聖的樣式塑造成形。上天正等待著要將最豐富的福惠，賦與那些肯在世界歷史末頁獻身投入上帝聖工的人。我們將經受考驗和試煉、受呼召要警醒不倦，但要在這些時刻懇切向上帝祈禱，求祂

賜予智慧，喚醒我們的心志得以辨識自己的特權。（1909 年 4 月 1 日《評論與通訊》）

成功的標準

「敬畏耶和華，是智慧的開端。」許多青年尚未領會有必要嚴格地磨鍊自己的能力，使他們無論在何時間與環境都全力以赴。他們的眼裡不畏懼上帝，他們的思想也不純淨和高尚。

全天庭知道人的每個意念和行為。你的行為可能不被旁人發現，但是在眾天使的鑒察中卻是敞開的。天使奉命來為凡努力戰勝每一惡習並遠離撒但詭計的人效力。

忠貞正直

那足以影響品格塑造的小惡行與小衝突竟不受重視。上帝的聖言向我們顯示了最偉大最高尚的原則。賜下這些原則是為了要強化我們每一向善的努力、控制並平衡我們的思想、引導我們渴望達到崇高的標準。

在約瑟、但以理和他同伴的歷史中，我們看出真理的金鏈是如何地將青年緊緊於上帝的寶座前。他們不因任何試探而偏離正路。他們重視上帝的恩寵過於君王的恩寵與稱許，所以上帝疼愛他們並以祂的盾牌護庇他們。因為他們忠貞正直，又立志榮耀上帝勝於一切世人的權威，所以主就在世人面前公開地尊重他們。他們從那掌

管自己所造之天地萬物的萬軍之耶和華領受了殊榮。這些青年從不以顯露自己真實的面貌為恥。即或在宮廷之中，他們的言語、習慣和行為，也都表明自己是信奉天上的耶和華上帝。他們拒絕屈從任何足以損壞上帝尊榮的屬世命令。有天賜的力量使他們承認自己是效忠上帝的。

你應當準備效學這些高貴青年的榜樣。絕不可以你的標幟為恥，而是要將它們敞開揚起，使世人和天使都能看到。不要被虛偽的謙遜控制，也不可因虛偽的謹慎使你對此忠告反其道而行之。藉著你慎選的言詞與始終如一的行為，藉著你的禮儀和敬虔，為你的信仰做有力的表白，表明你已決志讓基督坐在你心靈之殿的寶座上，並將你的才能毫無保留地獻在祂的腳前，為祂服務而用。

完全獻身

為了你今生與來生永恆的利益著想，最好的方法就是完全委身於正義的一面，讓世人知道你的立場。許多人還沒有完全獻身於上帝的聖工，他們搖擺不定的立場原是軟弱的根源，也成了別人的絆腳石。他們既未定原則，也未完全獻身，就被試探的狂瀾捲離自己明知的正道，而且他們也不做聖潔的努力去制勝每一樁錯誤，並藉著基督所賦與他們的義去完成正當的品格。

世人有權知道上帝對每個人的才智都有所求。一個體現堅定、果決與正義原則之生活的人，必能成為周圍之人的一股活力，也能因他的基督教精神感化別人。許多人未能體認並賞識各人或善或惡

的影響力是何等的巨大。每個學生均應明瞭他所持守的原則，都必成為塑造品格的活力。凡接受基督為個人救主的人，就必愛耶穌，並愛基督捨命的眾人；因為基督必在他裡面成為活水的泉源，直湧到永生。他必毫無保留地自行降服於基督的管理。

維護你的自由

要以榮耀上帝為你人生的準則，不容任何試探或身邊的愛好使你有所轉移，因為祂「愛世人，甚至將祂的獨生子賜給他們，叫一切信祂的不至滅亡，反得永生」。你既是一個得蒙拯救、自主、也能辨是非的人，藉著無限的代價得以贖回，上帝呼召你維護你的自由，並運用祂所賜給你的能力作天國自由的子民。不再受罪的奴役，卻要做萬王之王的忠貞子民，顯出你對祂的忠誠。

你要靠著耶穌基督表明你配得承受主所賜予的生命與恩典，以顯示你尊重神聖的委託。你要拒絕屈從邪惡的權勢。我們身為基督的精兵，就必須在任何情形之下堅決而明智地領受祂救恩的條件，持守並實踐正義的原則。神的智慧須成為你腳前的燈，要忠於你自己，更要忠於你的上帝。凡能動搖之人一樣都會動搖；但你若在真理上有根有基，就必和那些不能被動搖之人一樣堅固。上帝的律法堅定不變；因它乃是耶和華聖德的表現。你當下定決心，使你不致被言語或影響你的事物，而損害律法權威的絲毫榮耀。

完全的順服

信奉基督宗教的意義就是一切順服於上帝，並順應聖靈的指引。藉著聖靈的恩賜，必有道德的力量賜給你，使你不但具有原來託付你的才幹去為上帝服務，而且這些才幹的效能也必大大增進。我們若將自己所有的才能都歸於上帝，人生的問題就必大為簡化。如此就必削弱並減縮本心慾念的千般掙扎。宗教猶如一條金鏈，將青年和老年人的心靈與基督聯繫在一起。凡樂意順從的人都要藉此得以安全通過黑暗而錯綜複雜的道路，抵達上帝的聖域。

有些才智平凡的青年，若在高尚純潔之原則所激勵的教師之下受教育的鍛鍊，他們就可從訓練過程裡獲得資格，出任上帝所呼召他們擔負的重責。可惜有的青年人竟然失敗了，因為他們既沒有決心克服本性的癖好，也不願聽從上帝聖言的聲音。他們沒有防衛自己的心靈以抵抗試探，也沒有決心冒一切危險克盡自己的本分。他們好像一個人行走在險路中，卻不肯領受任何足以幫助他避開不幸與毀滅的指導或教訓，而一直走向滅亡之途。

命運的抉擇

但願人人都能體會自己就是決定命運的人！你今生和將來永生的幸福全在於自己。若任你選擇，你可能和一些會影響並貶損你的思想、言語和品行的人相交。你可能放縱邪情私慾、藐視權威、言談粗鄙、自貶於低下的地步。你也可能引他們遠離基督、遠離正義、聖潔與天國，以致到了審判之日，那喪亡的人便要指著你說：「我

若非受了他的影響，就不致跌倒、嘲笑宗教。他原來蒙了光照，知道通往天國的路。但我則一無所知，一直盲目的走向滅亡。」唉！對於這樣的控告，我們將如何反駁呢？可見，每一個人都應當思考他正帶領別人走向何方，這非常重要。那永恆的世界既已在望，我們應該殷勤地計算我們所產生影響的結果。我們不應將永恆問題拋在腦後，卻應養成時常自省的習慣，常問自已：「我這種行為能蒙上帝喜悅嗎？我的行為對那些領受亮光與憑據遠不如我之人的心，將產生怎樣的影響？」

省察內心的問題

但願青年人肯查考《聖經》，使他們設想基督若在同樣情況下將如何行，而照樣去行！我們從天上獲得知識的機會已經使我們負起了重大的責任，所以我們應該誠懇的自問：「我是否行在光中？我是否遵照上帝所賜我的大光引人走正路，或是走在彎曲的歧途，使跛子歪腳走差了？」

我們應使真理之價值、聖潔和權威等深奧永久的意義滲透於心。親愛的青年，天賜的亮光正照耀你們的前路，我祈禱但願你們能儘量善用自己的機會，接受並持守自天而來的每一亮光，這樣，你路上的光就必越照越明，直到日午。（1893 年 2 月 2 日《青年導報》）

我們當前的機會

現今我們從那些歷代為上帝效勞之人的經驗中，有許多當學的教訓。這些人裝備自己抵抗撒但大軍時所經歷的鬥爭、考驗和辛勞，是何其少啊！他們既穿戴了上帝的全副軍裝，就能抵擋魔鬼的詭計。

這些過去獻身與上帝來建立袖聖工的人，都像鐵一般地忠於原則。他們是一群不灰心也不喪膽的人；正像但以理一樣，充滿了對上帝的恭敬和熱忱，滿懷高尚的宗旨和願望。他們原是和今日參加聖工的人一樣軟弱無能，但他們卻完全依賴上帝。他們是富足的，但這富足是以他們的思想和靈性所建立。凡在一切事上以上帝為始、為終、為至善的人，都可以獲得這種財富。我們雖然缺少智慧、知識、德性和能力，但如果願意運用我們學習的特權而求教於基督，我們就可以獲得這一切了。

所需要的工人

我們在今日所享有的機會與便利，乃是過去各世代所不易得到的。我們擁有加增的亮光，這光乃是從那些以上帝為依靠的許多忠心守望者所做之工作而傳來的；他們曾從上帝那裡得著能力，使這光以清明燦亮的光線照耀世界。在我們的時代有更多的亮光予以善用，正如過去各世代的男女先賢善用上帝所賜給他們的亮光一樣。他們在基督的門下長久辛勞，學習所授予他們的教訓，他們的辛勞並非徒然。他們恆切的努力終於獲得報償。他們與那最大的能力聯

合起來，然而他們仍渴望對永恆的現實作更深、更高和更廣闊的理解，使之有效地將真理寶藏傳給貧乏的世人。

現今正需要這種品格的工人。那些被上帝重視、也被記錄在天上之冊的人，像是但以理，他們都是盡力培養每一項才能，使他們能在伏於惡者手下的世界當中作上帝之國的代表。在知識上長進是必要的；因為知識用在上帝聖工上乃是一種為善的力量。世界需要有思想、忠於正義，並不斷在聰明見識上有長進的人。出版社的工作需要人去做最有利的運用，使真理振翅疾飛，迅速傳到各國、各方、各民。

有功效的源由

我們需要使用一群忠誠勤謹、不畏辛勞及艱難的青年。這樣的青年在任何地方都能找到職分，因為他們不會中途躊躇動搖；他們在心志和靈性方面具有神聖的形象。他們專心一志，繼續不斷向前邁進，且發出勝利的呼聲。但那些懶惰、怯懦、多疑的人，他們既缺少信心又不願為基督的緣故克己，致使工作無法前進，因此不能蒙召。

上帝呼召那些能與祂同工的人。人性既得與基督聯合，就變為純潔真誠。基督既供給效力，人便成了為善的力量。真誠與正直乃是上帝的特性，凡具有這些特性的人就具有一種所向無敵的能力。

（1903 年 3 月 10 日《評論與通訊》）

內在的義

內在的公義是存於內而形於外的。一個內心公義的人，絕不是冷酷無情而鐵石心腸，而是天天長成於基督的形象，力上加力。一個因真理而成聖的人，必能控制自己並跟從基督的腳蹤而行。我們藉以稱義的義，乃是歸給我們的；我們藉以成聖的義，亦是授與我們的。前者是我們進入天國權利的根據，後者是我們為天國所作的配備。（1895 年 6 月 4 日《評論與通訊》）

可以攀登的高峰

親愛的青年，你們人生的宗旨與目的是什麼？你們極欲求學是否是為了在世界享有名譽和地位？你是否有不敢言表的心願，希望有一天可以在學識方面登峰造極？希望可以置身於審議與立法的會議中，協助國家制訂法令？這些願望都很好。你們每個人都有可能達到自己的目標。你們不要為平凡的成就沾沾自喜，你們要把目標設定得更高，並不辭勞苦地去達到標準。

宗教是人生的基礎

敬畏耶和華乃是一切真偉大的基礎。誠信——堅定不移的誠信，乃是你們應實施於一切生活的原則。要把你的宗教帶入你的學校生活、宿舍和所從事的一切活動中，你目前的首要問題是如何選擇並完成你的學業，使你可以保持毫無玷污之基督徒品格的堅貞與純潔，使一切現世的要求和利益都順服於基督福音的更高要求之下。

崇高的責任

你們既已受宗教原理的調教，就可以攀登任何你們所預期的高峰。我們很樂意看到你們升向上帝所定意要你們企及的高貴程度。耶穌疼愛寶貴的青年；祂不樂於看到他們長大成人的樣子卻沒有培養發展的才能。他們可以成為堅守原則而剛毅不屈之人，以適於託負重責大任。為要實現這樣的能力，他們理當盡一切精力而行。

萬不可犯下大罪，就是濫用上帝所賜給你的才能去做惡害人。有些富有才智之人竟運用自己的才智散播敗德和腐化的種子。然而這些人所散播的種子必招致羞恥的結果。利用上帝所賜的才幹散佈災害與禍患而不造福社會，乃是一件可怕的事。然而將上帝托付我們的才能藏匿起來而不用於世，也是同樣可怕的；因為這無異是拋棄了生命的冠冕。上帝需要我們的服務。每個人都有他應盡之責；惟有完全接受這些責任，並忠實地順從良知並克盡厥職，才能完成人生的偉大使命。

宗教的影響

智慧人說：「你趁著年幼，……當記念造你的主。」你不可有一絲想法認為宗教會使你消極悲觀，或阻礙你成功之路。基督的宗教絕不會削弱你一分才能，也不會使你失去享受任何真正幸福的能力；它不會減少你生活的樂趣，或使你漠視親友及社會對你的要求；它不會將人生披上麻衣，也不會使人長吁短嘆、呻吟訴苦。不！不！那些在凡事上尊榮上帝為始、為終、為至善的人，乃是世界上

最快樂的人。他們臉上絕不會失去笑容與光彩。宗教絕不會使接受的人變得粗俗魯莽、暴亂、無禮；相反的，它卻要使人高尚尊貴，使他的志趣高雅、見識聖化，使他有資格加入天使的群體，進入耶穌為他預備的家鄉。

我們切不可忽略耶穌乃是喜樂之源這一事實。祂絕不以人類的痛苦為喜，而是樂見他們幸福。基督徒有許多幸福的來源可隨時享用，而且他們可以毫無差錯地分辨何種快樂是正當合法的。他們可以享受那不致於損耗精神或敗壞靈性的娛樂，那不至令人失望或事後造成一種愁苦影響，以致傷毀自尊心，或攔阻人走上有為之途的娛樂。如果他們能讓耶穌加入他們，並保持虔誠的精神，他們便是絕對安全的。

才幹的管理

青年朋友們啊，敬畏上帝乃是一切進步的基礎，又是智慧的開端。你們的天父對於你們寄有厚望。在你們尚未祈求，也毫無功勞可言之時，祂就照著祂的美意厚賜你們；而更大的禮物就是將天庭集於一身的禮物——上帝的愛子，賜給你們。為了報答這無限的恩賜，祂要求你甘心樂意的順從，你們既是用上帝兒子的寶血為代價買來的，祂就要求你們善用所享有的特權。你們心智和道德方面的能力乃是上帝的恩賜，才幹乃是祂交給你們去加以明智使用的，所以你們不可隨意讓這些才幹因缺少合宜的培養而停滯，或因不加運用而殘缺。那落在你們肩上的重大任務能否忠心地完成，或是你們

努力的方向是否正確、是否盡力而為,這都取決於你們自己。

我們正處於末日的危險之中。全天庭都很關心你們正建造的品格。種種的安排都已經為你們備妥了,使你們既已脫離世上從情慾而來的敗壞,就得與上帝的性情有分。人類並沒有被撇下,讓他靠自己微小的力量去戰勝罪惡的勢力。援助就近在身旁,必供給每一真正渴望獲得的人。雅各異象中見到那些走在天梯上來回的眾天使,必幫助每一個決心向上、甚至攀登高天的人。他們正在維護上帝的子民,並且注視著他們所走的每一步。凡攀登這條光明之道的人必得著報賞;必進去享受他們主人的快樂。(**《基督教育原理》**第82-86頁)

崇高的理想

上帝對祂兒女的理想遠高於人類的最高思想。使人成聖、與上帝相似,乃是所要達到的目的。上帝在學生面前打開了一條不斷進步的途徑,他有要完成的目的及應達到的標準,就是一切善良、純潔和高尚之事。他必在每一項真知識上盡力得到充分迅速的進展。他所努力要達到的目標,也必超過一切純粹出於自私及暫時的利益,猶如諸天高過地一般。 (《教育論》第 17 頁)

上帝之恩的管道

各人都有權利作一個活的管道,讓上帝藉此將祂豐盛的恩典,就是基督深不可測的豐富傳給世人。基督最渴望的乃是人願意成為祂的器皿,向世人表彰祂的靈和品德。如今世界最需要的,莫過於

藉著人所表現的救主之愛。全天庭都在等待著那可用以澆灌在人心中成為喜樂和福惠之聖油的管道。（《天路》第373頁）

效能的標準

青年們負有重大的責任。上帝對於在這亮光和知識均已增長之時代中的青年期許甚高。祂期望他們傳揚亮光與知識。祂極願用他們來驅除那蒙蔽多人的錯謬與異端。他們應該累積點滴的知識與經驗，藉以造就自己。上帝要他們為所享有的機會與特權負責。那擺在他們面前的工作正等待著他們殷勤的努力，並隨時代的需要逐步推進。

如果青年們肯獻上心智為上帝服務，他們在效能和功用方面就必達到高尚的標準，這也是主期望青年達到的標準。他們所行若不與此相符，便是拒絕善用上帝所賜的機會。這就必算為對上帝不忠，在造福人群的工作上失職了。

具有服務的資格

凡努力並致力尋求成為上帝工人、為要使自己在祂工作有份之人，必不斷地從上帝那裡獲得亮光，使他們可以成為交通的管道。如果青年男女能像但以理一樣，使他們一切的習慣、愛好和熱情都與上帝的要求相符，他們就必使自己有承擔更高工作的資格。他們應從心意中排除一切低劣輕浮的思想、拋棄無意義的行為與沈迷於娛樂的習性，將這些視為違背單靠上帝之子而活的生活與經驗。

　　他們應當警覺雖然一切求學的便利都已在自己的掌握中，但他們也許仍未達到是以進入主葡萄園中擔任部分工作的資格。他們若沒有智慧敬虔的必要資格，就不能參與為上帝服務。如果他們將寶貴心志虛耗於享受和娛樂上，他們就貶損了上帝所賜的能力，並在祂面前算為有罪了，因為他們沒有善用使他們成長的一切天賦。

　　他們萎靡的靈性使上帝不悅。他們毒害並腐化了凡與他們接觸之人的思想。他們的言語行為慫恿人漠視神聖的事物。他們不但危害了自己的心靈，這種榜樣對於凡他們所接觸的人也是一種傷害，將人從祂面前驅散。

　　凡滿足於低微成就的人，在與上帝同工的事上必然失敗。凡讓心意不加防衛使其隨心所欲，撒但的話就會進入並充滿他們心意，使他們在他的隊伍中受訓練去引誘別人。他們或以宗教自詡，也許具有敬虔的外貌，但他們卻是愛享樂過於愛上帝的。

聰明與敬虔

　　有些青年的確具有某種聰明，頗受周圍的人肯定與傾羨，但他們的才智並未成聖，也沒有因為從經驗中領受恩典和試煉而堅強鞏固，所以不能為上帝所用來造福人群並榮耀祂的名。在敬虔的偽裝之下，他們的才能竟被用來建立虛偽的標準，致使一般沒有悔改的人看了，就以他們為原諒自己錯行的藉口。撒但引誘他們利用無意義的舉動和小聰明來娛悅同伴。他們所做的盡都卑鄙；因為他們臣服於試探者（撒但）的控制之下，由他來管理並塑造他們的品格，叫

他們可以為他作工。

他們有才幹，卻未經訓練；他們有能力，卻未予善用。才幹雖已賦與他們；但是他們卻因荒唐而加以誤用敗壞了，並且還把別人也拖向同一劣質的水準。基督曾藉克己、犧牲和謙卑，並藉祂所忍受的羞恥和辱罵，為他們的靈命付上了贖價。祂這樣做乃為拯救他們脫離罪惡的束縛，脫離那只是為了奴役他們來殘害生靈而豢養他們的惡主（撒但）。可惜他們竟然使救贖主的大愛在他們身上完全失效，因此祂以憂傷之心注視著他們所行的一切。

這樣的青年必遭受永遠的損失。當每個人從審判全地的主按著本身所行的遭受報應之日，他們那種嬉戲輕薄的作風對於他們將會怎樣呢？他們的根基竟以錯誤的信仰與價值觀而建造，因此他們一生的工作必然歸於烏有。那是何等的損失！

啊！那些在上帝聖工上克盡厥職、時常仰望耶穌要得到祂的嘉許、每天在他們的記錄冊上寫下自己的錯誤、過失和憂傷，以及戰勝試探的經過和在基督裡所享有的喜樂與平安的人，他們的情況比他們更為優越！這樣的青年在面對自己生平的記錄時，必不致羞愧驚恐。（1899 年 6 月 22 日《青年導報》）

特選的方法

我們對祂的信實所做的宣誓，乃是上天特選世人表揚基督的方法。我們要承認祂藉著古時神人所闡明的恩典；但最有效的還是我們自身經驗的見證。當我們在自己身上顯明那神聖能力的作為時，我們便是為上帝作見證了。每個人的生活都與他人有別，其經驗也迥然不同。上帝甚願我們的讚美，帶有各人個性之標記升達於祂。

（《健康與家庭》第 108 頁）

登峰造極

在完成基督化品格的事上，必須擇善固執。我要向青年強調，在建造品格的工上，擁有恆心和毅力的重要性。青年人從幼年就必須將堅定正直的原則交織於品格之中，方可達到成人的最高標準。他們應將這一事實時常放在眼前——那就是自己乃是用重價買來的，所以應當在身體和心靈上榮耀上帝，因為這都是屬於祂的。

日新又新

青年的使命就是要天天追求進步。彼得說：「有了信心，又要加上德行；有了德行，又要加上知識；有了知識，又要加上節制；有了節制，又要加上忍耐；有了忍耐，又要加上虔敬；有了虔敬，又要加上愛弟兄的心；有了愛弟兄的心，又要加上愛眾人的心。你們若充充足足的有這幾樣，就必使你們在認識我們的主耶穌基督上，不至於閒懶不結果子了。」

你所行的每一步都要將這一切逐步的程序懸在心上：定睛仰望耶穌，單求榮耀上帝，你就必有長進。你須與撒但抗爭，因為他必盡其所能利用各樣的詭計引誘你的心意遠離基督。

應付阻礙

但我們必須逐一去克服那擺在腳前的種種障礙。勝過第一個困難，就有更大的力量去對付下一個，並且因每一次努力而更有能力前進。我們可藉仰望耶穌而成為得勝的人。我們之所以變得軟弱且缺乏信心，乃是由於我們常常注意自己的困難，因而畏縮不敢認真去為正義作戰所致。

一步步前進，必可攀登最高山峰，最終到達絕頂。所以不要因為你一生須做的工作過於繁鉅而困擾不安，因為這不是要你一時之間就要全部完成，而是要在每天的工作上全力以赴。要善用每一寶貴的機會，要感激上帝所賜給你的各種幫助，並逐步攀登上進之梯。要記得你一次只須為一天而活，因為上帝既然已賜給你一天，天上的記錄即將顯示你如何珍視這一天的特權與機會。但願你充分利用上帝所賜給你的每一天，使你最後能聽到主對你說：「好，你這又良善又忠心的僕人。」（1893 年 1 月 5 日《青年導報》）

與上帝合作

你掌握了無限的可能性。按照上帝的說法，人類是上帝的孩子。「我們現在是上帝的兒女，將來如何，還未顯明；但我們知道

主若顯現，我們必要像祂；因為必得見祂的真體。凡向祂有這指望的，就潔淨自己，像祂潔淨一樣。」轉離一切卑賤低劣的事，而升達崇高的標準，得受世人的尊敬和上帝的寵愛，這乃是你的權利。

主將屬靈之工交付給青年人，以及各等年齡層的人，以表示祂重視他們為祂的兒女。祂授予他們自治之責，呼召其與祂分擔救贖並提攜的偉大工作。父親怎樣與兒子合夥經營，照樣，主也與祂的兒女共同工作。我們是成為與上帝同工的。耶穌說：「你怎樣差遣我到世上，我也照樣差他們到世上。」你難道不願選擇成為上帝的兒女，而去選擇成為撒但和罪的奴僕、背負一個基督之敵的名號嗎？

青年男女需要更多基督的恩典，使他們能將基督教的原則實踐於日常生活之中。為基督復臨而做的準備，是一種靠基督鍛鍊自己擁有最高尚品質的準備。每一個青年都有特權建造自己的品格成為佳美的建築，但他們絕對需要緊緊靠近耶穌。祂是我們的力量、效能和權能。我們不可有片刻是依賴自己的。

追求卓越

你的才能無論是大是小，總要記得那都是託付給你的。上帝藉此來試試你，給你機會證明你自己的忠誠。你因一切才能已欠了祂的債。你的體力、智力和靈力都屬於祂，所以這些能力都要為祂而用。你的時間、影響力、才幹及技能，都要向這位賜與一切的祂交賬。要在你已經著手的工作上孜孜不倦，直到你勝了又勝。要為所

定的目標訓練自己，並時常僅記那最高的標準，就能成就日益偉大的善工，藉以反映上帝的榮光。（1910年1月25日《青年導報》）

聖經教導
年輕人的
（各青年專輯版）
15
堂課

HOW TO
SAY
"NO"

SHARE

WORK
HARDER!

第二篇
與罪惡鬥爭

堅持
愛主

Jesus
is
Love

　　基督的榜樣向我們顯示了唯一得勝的希望，就是不斷抵抗撒但的攻擊。那位曾在試探的鬥爭中戰勝萬靈之敵的主，洞悉撒但加諸人類的權勢，並為我們制服了他。祂以戰勝者的身分，將祂勝利的優勢分賜我們，使我們在抵擋撒但的試探時，得以將我們的軟弱與祂的能力融合、將我們的不配與祂的功德聯合。在試探的重壓之下，我們靠著祂永不缺乏的大能所支持，就可以奉祂全能的名抵抗到底，最終必能得勝像祂得勝一樣。（1880年3月4日《時兆》）

強敵撒但

　　墮落的人類乃是撒但合法的俘虜。耶穌基督的使命就是要搶救人類脫離撒但的權勢。人類在本性上傾向於服從撒但的唆使，若沒有那全能的得勝者基督住在他的心中，引導他的願望，並賜給他能力，專靠自己是無法抗拒如此可怕的仇敵的。惟有上帝才能遏制撒但的權勢。他現在正在地上伺機而動。他無時無刻不在蟄伏之中，惟恐錯過一個毀滅世人的機會。要緊的是上帝的子民必須明白這事，才能得以脫離他的羅網。

撒但的偽裝

　　撒但正在預備他種種的騙術，以便在他與上帝的子民做最後一

戰時，使他們認不出他來。〈哥林多後書〉11章14節說：「這也不足為奇；因為連撒但也裝作光明的天使。」某些受了迷惑的人強辯撒但根本不存在，卻正是被撒但所擄獲，並大大利用他們為他工作。撒但比上帝的子民更清楚，他們在基督裡得著力量就必有制勝他的權能。

當那些相信真理的弱小信徒謙卑地向大能的勝利者求助、並堅定地信賴基督時，他們就能成功地擊退撒但和他的全軍。撒但太詭詐了！他絕不會明目張膽地來試探人，因為這樣會使基督徒昏沈的活力復甦而依靠那位強有力的救贖主。相反的，撒但以不易覺察的方式前來，藉著偽裝伏在那些自命敬虔的悖逆之子進行工作。撒但必盡一切的力量折磨、試探，並誤導上帝的子民。

他對於那些本性傾向於聽命他指使的人，必以驚人的手段影響他們的身體。撒但因人類將他視為虛構的角色而欣然雀躍。當他被視為無足輕重、又以幼童般的圖案或其他動物來形容他時，就正中他的心意。人們若輕忽他的詭詐、對他佈署周密的計謀毫無戒備，就能使他無往不利。人若洞悉他的能力與狡詐，心裡就會對他有所防備而能成功抵抗他。

不放過每一生靈

我看到惡使者正在為奪取生靈而戰，且有上帝的使者與他們抗爭。這場戰鬥是劇烈的。惡使者迫近他們，用他們惡毒的勢力腐壞風氣、痲痺人們的感覺。聖天使正關切地注視這些生靈，渴望擊退

撒但的軍隊。可是聖天使的任務,是不能違逆人的意願、控制他們的思想。倘若他們屈從仇敵而不奮力去抗拒他,則上帝的使者所能做的,只有遏制撒但的大軍,不容他們進行毀滅,並等待到有更大的亮光賜給這些處於險境之中的人,激使他們甦醒過來,仰望上天的幫助。耶穌不會派聖天使去解救那些不做任何努力自助的人。

撒但若發現他有失去一個生靈的危機,就必全力留下此人。此人既察覺自身的危險,因而悲歎急切地向耶穌求賜能力,這時撒但惟恐失去一個俘虜,便召喚他的惡使者來增強陣容,將那可憐的生靈重重圍困,在他四面築起一道幽暗之牆,以致天庭的亮光不能照射到他。但是如果那處在險境中的人堅持到底,並且因自己的軟弱無能而完全投靠基督寶血的功勞,耶穌就必垂聽出於信心的懇切祈禱,差遣大有能力的天使去增援解救他。

撒但無法忍受人向強有力的敵手求助,因為他在「基督」的權能與威嚴面前恐懼戰兢。撒但的全軍若聽聞懇切祈禱之聲,都將顫抖不已。……及至大能的天使穿著天庭的軍裝前來援救那些被仇敵逼迫得幾乎昏絕的生靈時,撒但和他的全軍就被擊退,就自知他們完全失敗了。(1862 年 5 月 13 日《評論與通訊》)

戰爭的性質

人的意志原是主動性的,會時常盡力將一切事物都轉為他所要的目的。人的意志若歸向正義和上帝,他就必在生活上顯出聖靈的

果子，上帝也必將祂所預定的「榮耀、尊貴、平安，加給一切行善的人」。

若縱容意志為撒但塑造，他必藉此達成他的目的。他煽動懷疑的理論，激起人心攻擊上帝的道。他殷勤不懈地企圖以自己憎恨和仇視上帝的精神去鼓動世人，使他們整裝列陣反抗上天的要求及制度與聖靈的運行。他將一切的惡勢力都招附在他的旗下，將他們投入戰場，在他指揮之下去從事善惡之爭。

號召反抗罪惡的權勢

撒但的工作乃是要從人心中推翻上帝的權威，而塑造人性成為他自己醜陋的形象。他激起一切罪惡的傾向，喚醒種種不聖潔的情慾和野心，他向人宣佈說：我將一切的權力、尊榮、財富及罪中之樂給你。但條件卻是要你放棄忠誠、使良心沉迷，這樣他便能腐化人類的良知，使他們淪為罪的囚徒。

上帝號召人反抗罪惡的權勢，祂說：「所以不要容罪在你們必死的身上作王，使你們順從身子的私慾。也不要將你們的肢體獻給罪作不義的器具；倒要像從死裡復活的人，將自己獻給上帝，並將肢體作義的器具獻給上帝。」

基督徒的人生乃是一場戰爭。但「我們並不是與屬血氣的爭戰，乃是與那些執政的、掌權的，管轄這幽暗世界的，以及天空屬靈的惡魔爭戰。」我們只有依靠神的幫助，才能在這場善惡之爭中

獲勝。我們這有限的意志必須順服那無窮者的旨意，因為只有將人的意志融合在神聖的旨意中，才能得著聖靈的幫助；而每一次的勝利都會使上帝得贖的產業得到醫治以恢復上帝的形象。

聖靈的幫助

主耶穌藉著聖靈行事，因為聖靈是祂的代表。聖靈將屬靈的生命注入人心，喚醒行善的力量，去除品德上的污穢，使之合格進入祂的國。耶穌有宏大福惠和豐富的恩賜要分賜與人。祂是奇妙的策士，祂有無窮的智慧和能力；我們若承認祂聖靈的能力，順服祂的陶冶，便能在祂裡面得以完全。這真是不可思議啊！「上帝本性一切的豐盛，都有形有體的居住在基督裡面。你們在祂裡面也得了豐盛。」人心若非順服於上帝聖靈的陶冶，便永不能領略快樂的滋味。聖靈將這更新的生靈照著耶穌基督的模範改造。藉著聖靈的感化可將與上帝為仇的心變為信心、愛心；將驕傲變成謙卑。這時心靈便領悟出真理是何等的美善，而在品格高貴和完美上尊榮基督。一旦產生這些轉變，天使便唱出歡樂的詩歌；上帝和基督也因世人變化為神聖的形象而大大喜樂。

勝利的代價

現今善惡之爭劇烈的程度，並不亞於救主在世之日。現時的天路也不比當年平坦。我們必須除去一切的罪惡。要斷絕凡攔阻我們靈性長進並喜歡放縱的每一樣嗜好。我們願意棄絕自己的智慧，以赤子之心去接受天國嗎？我們願意撇下自以為義的心嗎？我們願

意捨棄世人的讚許嗎？永生賞賜的價值是無限量的。我們樂意接受聖靈的幫助並與祂合作，使我們的努力與犧牲與所獲得的價值相稱嗎？（1903年2月10日《評論與通訊》）

撒但特殊的詭計

我蒙指示我們必須作全面的防衛，恆心抵禦撒但的侵襲和詭計。他已變作光明的天使，正迷惑引誘著千萬俘虜。他盡情利用心智方面的學問。他在此事上真是靈巧像蛇，也趁人不知不覺之時潛入敗壞上帝的聖工。他將基督的工作和神蹟歸為人所行的。

撒但若明目張膽地攻擊基督教，使基督徒迫於困苦憂傷而投奔到他救主的腳前，大能的拯救者便會使這鹵莽的仇敵驚惶而退。可是撒但既裝成光明的天使，便用巧計引誘人的思想偏離那唯一安全正直之道。撒但已藉著心理學和催眠術等作為通路，直接迷惑這一代人，這是在恩典時期即將結束時為表現他的異能而施行的。

越靠近末日，人心便越容易受撒但詭計的影響。他誘使這些受迷惑的人解釋基督的神蹟奇事不過是依照一般定律而行的。撒但慣於熱中冒充基督的工作，以建立他自身的權勢和主張。這種工作大都不是明目張膽的。他狡獪異常，知道若要達成，最有效方式就是裝成光明的天使來引誘可憐墮落的罪人。

撒但昔日在曠野，以一個俊美青年的形態來到基督面前，頗似帝王而不像墮落的天使。他滿口都是經上的話。他說：「經上記著

說，如此如此」。我們正受著痛苦的救主也引用《聖經》對付他，說：
「經上又記著說。」撒但利用基督軟弱痛苦的時候，乘機試探祂。

自恃是致命的

撒但若能蠱惑並欺瞞人的心思，令人自以為具有完成大善行的
內在之力，人就不會再倚靠上帝去做他們自認為有能力達成的事。
他們不承認超然的權能，也不將上帝偉大崇高之尊嚴所應得的榮耀
歸給祂。這樣便達到了撒但的目的。他看見罪人妄自尊大，如同他
以前在天上高抬自己而被驅逐的情形一樣，就大為快樂。他深知人
若高抬自己，就必像他自身的結果一般注定沉淪。

破壞人的信心

撒但在曠野試探基督的事上已告失敗，而救贖計畫如期完成
了，贖回人類的重價也已經付上了。現在撒但欲想摧毀基督徒盼望
的根基，導使人的心意轉入歧途，使他們不能依靠這重大的犧牲獲
益或得救。撒但利用他那「出於不義的詭詐，」引誘墮落的人類相
信無需贖罪；也不必依靠那曾經被釘而又復活的救主，只憑自身的
功勞便可得蒙上帝的恩寵，更進一步破壞人對《聖經》的信任。他
深知若這一切成功了，印在身上的偵察者（聖經）就會被摧毀，他便
安全了。

他更加緊迷惑人心叫人相信並沒有魔鬼的存在，凡相信這說法
的人自然不做努力去抵抗那自認不存在的事，以致最後盲目的相信

俗語所說「什麼都是對的」這句話，而不接納任何法則去衡量自己
的行徑。撒但更誘惑多人相信向上帝禱告毫無用處，不過是形式而
已。他深知基督徒是如何地需要默想和禱告，以提高警覺抵禦他的
詭計和欺騙。撒但所用的手段無非使人的心意轉離這一類重要的靈
修，以致人不倚賴全能者的幫助，從祂得力以抵擋他的攻擊了。

心意的控制

　　我蒙指示除非人的心意降服於撒但的控制，否則他絕無法施
行控制。那些離開正路的人現今正處於極大的危險中。他們自己既
與上帝隔絕，並離開天使的看顧，於是那時刻意圖要毀滅生靈的撒
但，便下手向這些人施行他的欺騙，因此他們便陷入最危險的境地
中。人們若忽然查覺這黑暗的權勢而企圖抵禦，使自己脫離撒但的
羅網，卻已非易事了。因他們既已冒險進入撒但的腹地，他便視他
們據為己有。他必毫不遲疑地全力召集他一切的黨羽，從基督的手
中奪取一個生靈。

　　凡誘使撒但來試探他們的人，必須盡極度的努力來使自己脫離
他的權勢。但當他們開始為自己戰鬥之時，那曾為他們擔憂的天使
必前來拯救他們。撒但和他的爪牙絕不會放棄他們的獵物，他們必
與聖天使辯論交戰，鬥爭極其劇烈。倘若那班犯錯的人繼續懇求，
深自謙卑，承認自己的錯誤，那麼大有能力的天使必能戰勝，將他
們從惡天使權勢之下搶救出來。

幔子揭開了

當幔子揭開時，現代的腐敗和世人所做的惡盡達於前。上帝的忿怒已經發作，必不再平息，直到罪人從地上滅絕。

撒但是基督的仇敵。他是天地間施行各種反叛上帝行為的禍首和領袖。撒但的忿怒時時加增，而我們卻未發覺他的權勢。我們的眼若是開了，看到墮落的天使如何向那些貪圖安逸並自認安穩的人進行攻擊，我們便不再感到安全。我們以為只有壞人才甘願依照撒但的唆使行事；其實只要我們的心有一刻未儆醒防備撒但他無形的爪牙，他們便要攻佔新地，更要在我們眼前施行神蹟奇事。我們是否準備好使用那保證勝利的唯一武器——上帝的聖言，去抵擋他們呢？

有些人受誘惑認為撒但所行的奇事是來自上帝。他要在我們面前醫治病人並施行神蹟。當撒但虛假的奇事更大肆顯露時，我們是否已經預備好去應付這試煉呢？是否會有多人陷入他的網羅而被俘？形形色色的錯謬，以及偏離明確的律例和上帝的誡命，聽荒渺無憑的話語，都足以使心靈被撒但虛假的奇事所迷惑。我們大家現今都當武裝自己，去應對那迅速而來的戰爭。信賴上帝的聖言並誠心研究又切實地運用，它便能成為我們的盾牌抵擋撒但的權勢，並使我們信靠基督的寶血得勝而有餘。（1862 年 2 月 18 日《評論與通訊》）

試探不可作為犯罪的藉口

我們情感的每一衝動，胸中的每一才能，或內心的每一意向，都必須時刻在上帝聖靈管理之下。只要是我們給撒但留一點地步，上帝賜人的每一福惠，和祂讓人遭遇的每一試煉，都能被他用來試探、摧殘並毀滅我們。所以不論一個人所受的屬靈光照有多大，所享的恩典和福惠何其多，他仍必須時刻謙卑地行在耶和華面前，並憑著信心懇求，上帝必指引每一個思想，管理每一個情感。

凡自稱敬虔的人，都有保守自己心靈的神聖責任；以極大的鼓舞來運用自制的能力。摩西身上所負的責任固然非常重大，還得忍受常人沒有的試驗，但這並不足以原諒他的罪，因為不論試探多麼大，總不可做為原諒人們罪惡的藉口。不論我們所忍受的壓力多麼重，犯罪行為終究是個人所為，而地上或陰間所有的勢力，都不能勉強任何人作惡。雖然撒但會找出我們的弱點攻擊我們，但我們沒有屈服的必要。不管我們所遭遇的襲擊是多麼強烈或兇猛，上帝已經準備援助我們，我們靠祂的力量必能得勝。（《先祖與先知》第 411 頁）

毅力

在那些最後得勝之人的宗教生活中，必要經歷無數可怕的困惑和試煉時期；但他們不可丟棄勇敢的心，因為這是他們在基督門下所受訓練的一部分，也是為除去各樣渣滓必不可少的。上帝的僕人須毅然忍受仇敵的攻擊與惡毒的嘲罵，並勝過撒但擋在他道路上的阻礙。

靠主的力量

耶穌是世上的光，你要照祂的樣式塑造自己的人生。你必在基督裡得著幫助，以建立堅強、均衡、佳美的品格。而這樣的品格所發出的光輝就連撒但也無法抹煞。主對我們立下了命定之工，祂不要我們追求人的讚許和寵愛的支持，而是指定人人都要靠祂的力量而站立。然而我們若放縱自己，懶於盡力與上帝那奇妙的聖工配合，我們不但在今生要受損失，就是將來的永生也必喪失。

上帝定意要我們不可垂頭喪氣，卻要帶著堅強的信心和希望做工。我們既然從研究《聖經》當中得蒙啟示看到天父如何紆尊降貴將耶穌賜給世人、叫一切信祂的不至滅亡反得永生，我們就應當懷有無上榮耀的大喜樂。上帝指定我們要從教育所獲得的一切去推進真理、用生活和品格反射真實的敬虔，如此便能向世人高舉基督的十字架，更可藉十字架的光輝顯出靈命的價值。我們必須開通心竅得以明白《聖經》，藉著食用天來的靈糧而獲得靈性的力量。（1890年《評論與通訊》）

心殿

忠實順從上帝的要求，對於提高、發展並加強人一切的才幹具有驚人的影響。凡在青年時代便獻身為上帝服務的人，都必顯出高強的判斷力和敏銳的辨識力。藉著與那位有史以來最偉大的教師交往、增強悟性、啟迪思想、潔淨心靈，使人高尚、文雅而尊貴。「你的言語一解開，就發出亮光，使愚人通達。」

上帝的理想

在自稱虔誠的青年中，有許多人的行為並不與上述經文相符。他們在知識或靈性上都不曾長進。他們的能力不但沒有發展，反而漸漸頹廢。實際說來，《聖經》字句本身並不能發光、使人通達，而是上帝的話藉聖靈解開灌入人心。人一旦真正悔改便能成為上帝的兒子，與上帝的性情有份。不但心意更新，智力也必增強活潑。有許多先例證明人在悔改之前只具有中等、甚至是粗劣的才幹，但在悔改之後竟判若兩人。他們竟能有極大的智力來明瞭上帝聖言的真理，並將這些真理介紹給人，甚至世上那些智力卓越的學者也覺得與這些人交談乃是一種榮幸。公義的日頭既燦爛的照入他們的心中，就使各種能力活潑起來發揮更有力的作用。

青年人若肯藉聖靈的幫助，將上帝的聖言接納於心，並奉行於生活時，上帝就必為他們施行大事。祂時刻竭力將他們吸引到一切智慧的源頭，也就是良善、純潔、真理的泉源。心靈若被高尚的想法所填滿，自然變得高貴。

污穢的神龕

凡自稱事奉上帝卻在敬虔和知識上毫無長進的人，就是虛有其名的基督徒。在他的心殿中充斥著污穢的神龕。輕浮的讀物、無謂的言談和世俗的娛樂既佔據了整個的思想，上帝的聖言便無法進入。心靈中基督應有的地位，全給世俗、驕傲及輕浮的事物佔據了。

放縱情慾而墮落

凡以追求放縱食慾和情慾為主要利益的人，絕不是良善或真正偉大的人物。不論世人對他們的評價多高，在上帝看來他們卻是卑劣、低俗、腐化的。上帝命定他們墮落的記號將要寫在臉上。他們思念的盡都是屬世、屬地的。他們的言語將思念中低劣的水準顯露出來。他們使內心充滿了邪惡，上帝的形象幾乎完全塗抹了。理智的聲音淹沒了，判斷力也敗壞了。世人的整個天性已因放縱情慾而致墮落了！一旦意志屈降於撒但，世人將要墮落到何等邪惡和愚昧的深淵！真理無法向理智哀訴，因為人心背逆了純潔的原則。（1881年 12 月 1 日《時兆》）

試探中的幫助

人人都可憑信心和祈禱接納福音的要求。「主的眼看顧義人，主的耳聽他們的祈禱。」受試探的生靈，向主呼求吧！無助而不配的人，當將你自己交託與耶穌，要求實踐祂所作的應許，主必垂聽。祂洞悉世人與生俱來之內心傾向是如何的強烈，每逢受試探的時候，祂必予以幫助。

你已經陷入罪中了嗎？若是的話，就當毫不遲延地向上帝求憐憫、求饒恕。……仍有憐憫施與罪人。我們在流浪之中，主仍向我們呼喚著，「你們這背道的兒女阿，回來吧！我要醫治你們背道的病。」（《教會證言》卷五，第 177 頁）

你們不是屬自己的人

有時我們會聽到有人問：難道我不能隨心所欲嗎？難道我不能照自己的方式行事嗎？難道我要永遠受禁制嗎？難道我不能隨自己的意願嗎？

你越少隨從自己本性的傾向，對自己和別人就越有益處。本性的傾向已經敗壞了，天賦的才智都被誤用了。撒但已經使人與上帝相忤。他不住地毀壞人們身上的神聖形象。故此我們必須約束自己的言行。

完全獻身的成果

若要使上帝的恩典居住人心，就必須將先天和後天的錯誤傾向都釘在十字架上。新的生命必須要從心靈開始受新的控制。一切的作為都必須為榮耀上帝而行。這種工作是內外相兼的。整個人，抱括身、心、靈，都必須服在上帝的權下，做義的器具供祂使用。

體貼肉體的人不會順從上帝的律法；實際上，人也無法自己做到。但一個重生的人，能憑著信心天天過著與基督相似的生活。他天天表明他自覺是屬於上帝的。

人的身體和靈魂都屬於上帝。祂為救贖世人賜下了祂的兒子，使我們有新生活的特權，就是寬容時期，來培養完美忠實的品格。上帝已經救贖我們脫離罪的奴役，使我們能活出更新而變化的服務

生活。

一切才能都屬祂

上帝的印記在我們身上。祂既已將我們買來,便期望我們記得我們的體力、智力和道德力全屬於祂。光陰和感化力、理智、感情與良知都是上帝的,也要遵照祂的旨意而用。不可依循著世界的指示去應用這一切;因為這世界是伏在一個與上帝為敵的首領之下。

我們靈魂的帳幕——肉體,乃是屬於上帝的。身體的每一個筋脈、肌肉都屬於祂。我們絕不可因疏忽或妄用而削弱了任何一個器官。我們必須保持身體在最健全的狀況之下,與上帝合作,使之成為聖靈能居住的殿,按照上帝的旨意建造每項體力和靈力。

我們的內心必須懷存純潔的原則。必須將真理銘刻在心版之上。必須讓我們的記憶充滿《聖經》寶貴的真理,使這些真理如美麗的寶石一般,在生活中閃耀出來。

生靈的代價

上帝賦予祂所造之物的價值,以及祂對祂子民的愛,已在祂以救贖為禮物賜予人類的表現中顯示出來了。亞當因落入了撒但的權勢,就把罪惡帶入了世界,也因罪而死,但上帝賜下祂的獨生子來拯救世人。祂這樣做,乃是證明祂自己的義,也稱一切接受基督的人為義。人將自己賣給撒但,而耶穌卻將全人類贖回。

你們不是屬自己的人。耶穌已經用祂的血救贖了你。不要將你的才幹埋在地裡，而是為祂而用。無論你從事什麼事業，總要與耶穌共進退。如果發覺自己漸漸喪失了愛救主的心，不妨放下你的事業，並說「主啊，我在這裡，祢要我做什麼？」，祂必定開恩悅納你、毫無保留的愛你。祂必廣行赦免，因為祂是有憐憫而不輕易發怒，不願有一人沉淪的。

我們和我們所有的一切，都屬於上帝。我們不應認為將自己真心的愛獻給祂乃是一種犧牲。應當將心作為樂意的祭物獻給祂。

（1900 年 11 月 8 日《青年導報》）

須做決定

我們的心思若專注思考要從撒但的話中獲得的利益，是不安全的。對於每個耽溺於罪中的人而言，罪的意義乃是恥辱與禍患。罪在本質上原是使人蒙昧受欺，以諂媚的巧語來引誘我們。我們若冒險置身於撒但的地域，就沒有什麼護庇我們脫離他權勢的保證了。故此我們應盡一切所能，阻擋試探者可藉以侵襲我們的每一通路。

（《福山寶訓》第 122、123 頁）

真實的悔改

「我必用清水灑在你們身上，你們就潔淨了；我要潔淨你們，使你們脫離一切的污穢，棄掉一切的偶像。我也要賜給你們一個新心，將新靈放在你們裡面；又從你們的肉體中除掉石心，賜給你們

肉心。」

有許多人在告訴別人說需要一顆新心時，他們自己卻不明白這話的意義。特別是青年人常因這句——「一顆新心」而跌倒。他們不明其義。他們想在感覺上有特別的改變，並認為這就是悔改了。成千的人在這錯誤的思維上跌倒以致沉淪，因為他們不明瞭「你們必須重生」這句話的意義。

不是感覺而是生活的改變

撒但使人以為他們在經歷了一次興奮的感覺之後，就算為悔改了，但他們的生活經歷並無改變。他們的行為仍和從前一樣，他們的生活毫無善果顯出。他們時常作冗長的祈禱，不停地講述自己在某日某時得到的感受，可是卻沒有過新的生活。這是因為他們是受了欺騙，經驗的深淺僅限於情感。他們的信仰是建造在沙土上，一旦暴風雨來臨，他們的房屋就蕩然無存了。

許多可憐的生靈都在黑暗中摸索著，指望獲得別人所說他們在經驗中已有的感覺。他們忽略了一個事實，就是一個信靠基督的人必須戰兢地作成自己得救的工夫。一個自覺有罪的人一定會悔改並表現真實的信心。

當耶穌提到新心的時候，祂是指著人的心思、生活、整個的人。要獲得心靈的改變就要脫離對世俗的愛慕並緊緊於基督。要有一顆新心，就要有新的思想、目標、動機。新心的記號是什麼呢？乃是

一種改變的人生，在每天、每時都徹底放下內心的自私與驕傲。

真宗教的實際性

有的人犯了很大的錯誤，以為只要講得動聽，就可彌補真正的服務。但宗教若是不切實際，那就是假的。真正的悔改會使人嚴守誠信地與人交往、使我們在平日的工作上忠心盡責。每一個誠心跟隨基督的人必讓人看到，《聖經》的信仰使他成為合宜之人，並運用他的才幹為主服務。

「殷勤不可懶惰。」這話必在每一真實基督徒的生活中實踐出來。雖然你的工作似乎辛苦沉悶，但是你可以藉著工作的方法使它成為高貴的。要為主而做工，也要存愉悅與莊重之心而做。要將你崇高的原則帶入你的工作中，如此你所做的工才能全然蒙主悅納。真實的服務使上帝在世上最卑微的僕人，得以與祂在天庭最高貴的服務相聯合。

基督徒既是上帝的兒女，就應當努力追求達到那在福音中為他們揭示的高尚理想。除非達到完全的地步，否則他們就不該以為滿足；因為基督曾說：「你們要完全，像你們的天父完全一樣。」

成聖的生活

我們須研究上帝的聖言，將其中聖潔的原則實踐於自己的生活中。我們要柔和謙卑地行在上帝面前，天天修正自己的錯誤，切不可因自私的驕傲而使心靈與上帝隔絕。不可存在自高自大的心意，

自以為比別人強。那些「自己以為站得穩的，須要謹慎，免得跌倒」。只要你使自己的意志順服基督的心意，和平與安息就必臨到你。如此，基督的愛就能掌握你的心，將你帶入基督，這位使人行為成聖的奧祕之源。那急躁易怒的習性，必因基督恩典之油的撫慰而順服。罪蒙赦免的感覺，必使人領受超乎想像的平安。你必興起一種熱切的鬥志想要勝過一切凡違反完全的基督徒的事，也會將爭勇好鬥之心從內心消除殆盡。而那些曾喜歡對人吹毛求疵的人，必看出自己在品格的缺失其實更為嚴重。

有些人聽了真理，就相信自己過去的生活是與基督相悖的。他們自覺有罪而痛悔前非。靠著基督的功勞，運用祂真實的信心，他們的罪就得以赦免。他們既停止作惡並學習行善，就得以在恩典和認識上帝的知識上有了長進。他們看出自己必須犧牲，才能與世俗隔離；於是在思考了一切得失之後，便將萬事當作有損的，為要得著基督。他們已經投身於基督的軍中。既已面臨了戰鬥，他們便英勇而樂意地參與此役，與自己本性的傾向和自私的意念爭戰，使自己的意志順服基督的旨意。他們天天求主賜恩好順從祂，以便得著力量和幫助。這乃是真實的悔改。那得蒙賜予新心的人以謙虛和感恩的心依賴基督的幫助，使他在生活中顯出公義的果效。他曾一度專顧自己，並喜愛世俗的娛樂，但如今他把這些偶像全都丟棄，使上帝做他至尊之主。他過去喜愛的罪如今卻感到厭惡，他穩健而堅毅地遵行聖潔之道。（1901 年 9 月 26 日《青年導報》）

撒但的繩索

肩負責任的痛苦與行使罪慾的樂趣，乃是撒但用來捆綁人類成為俘虜的繩索。惟有那些寧死而不願做一件錯事的，才是忠心到底的人。（「教會證言」卷五，第53頁。）

努力強化品格

基督最初三十年的生活，是在拿撒勒的窮鄉僻壤中度過的。這個鄉村的居民惡名昭彰，所以拿單才問「拿撒勒還能出什麼好的嗎？」四福音書很少提到耶穌早年的生活。除了那一段述說他陪同父母去耶路撒冷的簡短記錄之外，我們只有以下的簡略陳述：「孩子漸漸長大、強健起來、充滿智慧；又有上帝的恩在祂身上。」

基督是我們在一切事上的榜樣。由於上帝的安排，祂早年生活是在拿撒勒度過的，那裡居民的品質足使他經常受試探，所以他必須時刻謹慎自守，才能在那十分罪惡的環境中保持純潔無疵。基督並沒有自行選擇這個地點，乃是他的天父為他安排的，使他的品格可以在那裡受到多方面的試煉與考驗。基督早年的生活經歷了許多嚴重的折磨、艱苦和奮鬥，使他得以培養出完美的品格，成為兒童、青年和成年的完美模範。

兒童和青年時常處於一種不利於過基督徒生活的環境中，因此他們很容易屈從試探，並以自己環境不利作為犯罪的藉口。基督卻揀選了退隱的方式，並藉著勤勞的生活，經常運用雙手；祂並沒有

招惹試探，卻遠避那些具有腐化影響的社交。基督所經之路的崎嶇艱難，遠甚於兒童和青年所必經歷的。他並沒有享受閒懶的生活。他的父母是貧窮的，須依靠每日的辛勞為生；因此基督的生活乃是貧寒、刻苦、困乏的。他分擔了父母辛勤與勞碌的生活。

品格純正不在乎環境

沒有任何人所處的環境能比基督受召要發展完美的基督化品格時更惡劣的了。拿撒勒原是人們認定不能出什麼好東西的地方，而基督竟在那裡度過三十年的生活；這個事實對於那些認為虔誠的品格必須有要有良好環境的想法是一種譴責。如果青年人所處的環境不良，甚至是非常惡劣的，許多人就以此作為不能培養完美基督徒品格的藉口。基督的榜樣卻駁斥了那種認為若要信徒過無可指摘的生活，就有賴於地域、命運與順利環境之說。基督教導他們，凡上帝所安排給他們的任何地方或職分，不論是多麼的卑微，他們的忠心必能將一切轉為光榮。

基督的一生是為了表明純潔、堅定和穩固的原則，並非不能出自苦難、貧窮和逆境的生活。許多青年所埋怨的艱苦窮困，基督卻毫無怨言地忍受。況且這種鍛鍊正是青年所必需經歷的，使自己的品格堅強，並能像基督一樣有強壯的靈性抵抗試探。他們若肯避開那些足以迷惑並腐化他們道德的影響，就不致被撒但的詭計所勝。藉著天天向上帝禱告，他們必能從祂那裡得到智慧和恩典來應付人生的戰爭和嚴酷的現實生活，並且得到勝利。惟有藉著儆醒禱告，

才能保持忠貞與思想上的鎮定。基督的生平乃是毅力的好榜樣，這種毅力不會因辱罵、譏誚、貧窮、或艱苦而減弱。

青年也應如此。如果磨煉增多了，就可以知道上帝正在試煉並驗證他們的忠貞。他們在挫折面前保持正直的品格，他們的堅韌、穩定和耐力會增強，他們的靈性也會變得強大。（1872 年 3 月《青年導報》）

寧死不屈

寧可忍受窮苦、責罵與友人的隔離，或任何苦難，而不要使心靈被罪惡所玷污。每個基督徒的格言應是寧死不辱，或寧死也不違犯上帝的律法。（《教會證言》卷五，第 147 頁）

抗拒試探

凡與上帝的性情有分的人絕不肯屈從試探。仇敵正盡其所能要打敗那些努力過基督徒生活的人。他使諸般試探臨到他們，希望他們屈從。他希望藉此使他們灰心。但那些將自己的腳穩穩立在萬古磐石之上的人，絕不會屈從他的蠱惑。他們必記得上帝乃是他們的天父，基督乃是他們的幫助者。救主來到這世界上，要使每個受考驗和試探的生靈有力量得勝，像祂得勝一樣。

要遠避不必要的試探

「上帝是信實的，必不叫你們受試探過於所能受的；在受試探

的時候，總要給你們開一條出路，叫你們能忍受得住。」但我們也有應盡的本分，我們無須置身於試探之途。上帝說：『你們務要從他們中間出來，與他們分別，不要沾不潔淨的物，我就收納你們。我要作你們的父，你們要作我的兒女。」我們如果為追求宴樂而與世俗的人交往，效法屬世的風俗，而與不信的人利弊相共，就無異自蹈於試探和犯罪之途，怎能指望上帝保守我們不致跌倒呢？

你要保守自己不受世俗的腐化。不可擅自闖入敵人強大的勢力範圍之內。不要走到容易受試探、誤入歧途的地方。但如果你有信息要傳給不信主的人，而且在生活中經常親近上帝，以致能向他們說一句合時的話，那麼你就能作成一番足以幫助他們並榮耀上帝的工作。基督說：「我不求你叫他們離開世界，只求你保守他們脫離那惡者。」（1904 年 4 月 14 日《評論與通訊》）

責任高於愛好

當青年試圖掙脫撒但的控制時，他就必加倍地試探他們。他要利用他們的懵懂與無經驗而企圖模糊是非之別。他要偽裝成光明的天使，欺騙他們相信可以用違法的方式得到快樂。如果青年已經養成屈從愛好而不顧責任的習慣，他們就必發覺自己很難抵拒試探。他們看不到縱情享樂的危險，即使只放縱一次也不例外。撒但的慫恿勢會激起人心中揮之不去的邪惡元素。（1882 年 1 月 19 日《時兆》）

罪惡的欺詐

　　沒有什麼比罪惡的欺詐更陰險的了。行欺騙、蒙蔽，並導致毀滅的，乃是這世界的神。撒但絕不會一次就將他全套試探盡都使用出來，而是把這些試探加以偽裝成善良的樣子。他把娛樂和荒唐之事稍加修飾，人就受了迷惑，辯稱參與這樣的事獲益甚大。這僅僅是欺騙性的一面，是撒但偽裝兇惡的手段。受迷惑的人只要向前一步，就很容易走向下一步。他們認為隨意而行比堅守立場、抵抗狡猾之敵初步的侵襲並斷絕入侵的機會，更令人感到快樂。

　　唉！撒但是如何地注視著人們急於爭取他的誘餌，走入他所佈置的道路上！他毋須要他們停止禱告而仍保持宗教活動的形式；因為如此將使他們更有利於他的工作。他將自己的詭辯和騙術與他們的經驗和宗教信仰混雜，藉以神奇地進行他的陰謀。

自省

　　須深切自省，並以上帝照亮人心的聖言時常審查自己，我的內心是完整的還是已腐壞了？我在基督裡已成為新造的人了，還是只是在外表披上一件新的衣服，而內心仍舊屬乎肉體？要在上帝的審判台前約束自己，並以上帝眼光察看是否有任何隱藏的罪惡、任何不良的行為、任何未曾放棄的偶像。要祈禱，並每次以前所未有的熱誠禱告，使你不致被撒但的詭計迷惑，不致讓自己放任疏忽、心浮氣躁、浪費精力，而是善盡其責的撫平自己的意念。

　　有一種罪惡是末日的兆頭之一，就是看到那些自喻為基督徒的人愛宴樂過於愛上帝。千萬不可自欺，而要仔細的省查。很少人能在忠實省查自己之後還能舉目望天，說：「我不是所形容的那一些人。我沒有愛宴樂過於愛上帝。」很少人能說：「我已經向世界死了，我現在活著『是因信上帝的兒子而活』。我的『生命與基督一同藏在上帝裡面』。基督是我的生命，當祂顯現的時候，我也要與祂一同顯現在榮耀裡。」

　　上帝的慈愛與恩典！啊，寶貴的恩典！它比精金更有價值、比一切其他的原則更能提升並抬高人的心靈。它使人的心思和情感寄託於天國。當周圍的人都追求世俗的虛榮、宴樂和愚妄時，我們所談論的卻是天國、是我們所等候的救主，在心靈上渴慕上帝的赦免與平安、公義和真實的聖潔。與上帝交談、沉思天上的事，就能使心靈變成基督的樣式。（1886 五 5 月 11 日《評論與通訊》）

針對懷疑論的警告

　　我為了我們的青年心中極其傷痛。我既知道這種危機，就警戒你們不可因所獲得的一點科學知識而陷入撒但的羅網。與其可能獲得一切知識而不敬畏耶和華，不如保持一顆純潔謙卑的心。

　　今日的青年難免處處遇見懷疑論者和無神論者，因此他們是多麼需要預備以溫柔敬畏的心回答那些問他們心中盼望之緣由的人。裴茵多馬（譯者按：裴氏為美國著名的無神論者）雖已逝，但他的著作繼續流

傳，為害於世，而那些懷疑上帝聖言之真實性的人，常將這些不信
神的著作介紹給年紀輕又閱歷少的人，使他們的心充滿了懷疑的有
毒氛圍。撒但的靈常藉著惡人以進行毀滅生靈的陰謀。

與懷疑論者來往的危險

我們現今正處於荒淫的世代中，成年人和青年都大膽作惡。我
們的青年若不受到神聖的保護，若不堅守原則，若不更加謹慎地選
擇朋友和培養思想的書籍，就必招致惡人的影響，他們將會暴露在
一個如同所多瑪居民那樣道德腐敗的社會。屬世之人的外表可能很
有吸引力，但如果他們不斷地說出反對《聖經》的意見，他就是危
險的友伴，因為他們總企圖顛覆你信仰的基礎，並敗壞你傳統福音
宗教式的良知。

青年經常與那些具有懷疑傾向的人接觸，而且作父母的對此
事實竟毫無所悉，直到可怕的惡事已然釀成，青年已被敗壞。應該
諄諄勸導青年，以免被這些人的真實性格所欺騙，不要和他們交朋
友，也不要聽他們所說的諷刺和詭辯的話。我們的青年如果發現這
些人的不信，卻沒有勇氣與他們斷絕來往，就必陷入網羅，而在思
想和言語方面與他們同流合污，輕佻地談論宗教及《聖經》的信仰。

自恃與盲目

受迷惑的青年如果眼睛可以睜開，必看見撒但因敗壞生靈成功
而得意的獰笑。他以各種方法，試圖使人適應他的試探，以陷害那

些不同性情與環境的人。他必使用各種計策；如果受他試探的人不去尋求上帝，他們就必看不出他的欺騙而自恃自滿，不了解自身的實況和危險，而在不久後必藐視那曾賜給聖徒的真道。

我們極為擔心那些自恃自滿的人，因為他們必陷入上帝和人類的大仇敵所佈置的網羅。他們選擇與內心被懷疑的腐敗侵蝕的人為友，以致將不信的意念植入他們的內心。只要多用巧言媚語讚美他們的才能與智慧有多卓越，又煽動其圖謀高位的野心，就必使他們注意別人的讚賞，而道德的萎敗也從而臨到他們了。凡高抬個人見解的人，都必藐視救贖犧牲的寶血，並褻慢施恩的聖靈。

即使他們的父母是敬虔遵守安息日的信徒，也享有真理的亮光，且是被鍾愛與關注的對象，但他們仍可能停留在罪惡羞恥的遺傳之中，以致到了審判之日，那些違背大光之人的名字必要與那些被判定與上帝之面和榮耀無分的人同列。他們必定會迷失、淪亡，並視為藐視基督恩典的人。

道德勇氣的需要

我們的青年難免會遭受試探，因此他們必須要受教育，使他們依靠那超越世人所能給予的更高能力和教訓。處處都有藐視我們上主之人，他們慣於對基督教表示輕蔑，而且稱之為小孩的玩意，是用來欺騙一般愚夫愚婦的。

凡是沒有道德能力的人，絕不敢挺身為真理辯護；他們沒有膽

量說：「你如果不停止這種論調，就恕不奉陪了。世界的救贖主耶穌，是我的救主；我永生的指望全寄託於祂。」其實這正是使他們無可辯駁的方法。如果你同他們爭辯，他們一定會用更多的論證反駁你，而你所說的一切都不足以感動他們；但你如果為基督而活，堅持效忠上帝的立場，就可行出他們爭辯也做不到的事，並藉著你敬虔的力量，使他們深知自己論證的錯誤。

世上悲慘的事，莫過於那些被基督的寶血贖回、被賜予能榮耀上帝的恩賜才幹之人，反過來譏誚這寶貴福音所傳達給他們的信息、否定基督的神性，並依靠自己有限的理智和一些沒有基礎的論據。一旦他們遭受苦難的試驗並面臨死亡之時，他們所懷抱的這些謬論都要如同日光下的霜露一般消散了。

站在一個拒絕了上帝慈愛邀請之人的棺材旁邊，是多麼令人恐懼啊！嘆息的說出「這一個生命就這樣喪亡了」是多麼的可怕！這人原本可以達到最高的標準、獲得永遠的生命，但他竟然將自己的一生交給撒但，被世人荒謬的哲學所迷惑，而成了那惡者的玩物！基督徒的盼望如同靈魂之錨，堅固又牢靠，且通入幔內，而基督也已做我們的先鋒者為我們進入幔內。我們都有個人當做之工，為行將面臨的大事作準備。

暴亂即將來臨

青年須更加殷切地尋求上帝。暴亂即將來臨，我們必須準備，藉著向上帝悔改並信靠我們的主耶穌基督，來面對這場狂暴。耶和

華將要使地大大震動，我們也將看見到處都有困苦。成千船隻將沉入海底，海軍將完全覆沒，那犧牲的人數以萬計。火災要突然發生，且非人力所能撲滅。地上的宮殿要被烈火焚盡。鐵路上的禍事要越來越多；混亂、碰撞和瞬間的死亡將在各大交通路線中頻頻無預期的發生。那日近了，寬容時期行將結束。唉！惟願我們趁耶和華可尋找的時候尋找祂，相近的時候求告祂！先知說：「世上遵守耶和華典章的謙卑人哪，你們都當尋求耶和華；當尋求公義謙卑，或者在耶和華發怒的日子，可以隱藏起來。」（1890年4月21日《時兆》）

每天信賴上帝

每早醒來時，你是否感覺自己軟弱無助，需要從上帝得到能力？你是否謙虛而誠懇地向天父說明你的需要？如果是的話，天使會記錄你的禱告，若這些祈禱皆出於虔誠之言，那麼，當你陷入犯錯的危險而不自覺，並產生令別人犯錯的影響之時，那護衛你的天使就必站在你的旁邊，督促你擇善而行，為你選擇該說的話，並影響你的行動。

若你對危險無感，若你不獻上禱告、向上帝祈求幫助和力量來抗拒試探，你就必誤入歧途；你忽略本分的罪，便要記錄在天庭上帝的冊子裡，到那考驗的日子來臨，便顯出你的虧欠來。（《教會證言》卷三，第363、364頁）

一個弱點

我們或許自鳴得意地說，其他人所有的許多罪行我們都沒有；然而我們即使在品格上有某些優點，只要有一個弱點，我們的心靈仍與罪惡有瓜葛。我們的心還是事奉兩個主，等於對上帝說：「有的為你，有的為我自己。」上帝的兒女必須查出自己所鍾愛、放縱的罪，並讓上帝將這罪從他心中割除。他必須戰勝那一項罪；因為它在上帝看來絕非小事。

有人說：「我一點也不嫉妒，但我有時受了刺激，也說出許多不好聽的話，可是我每次發過脾氣後，總是會懊悔的。」另一個人則說：「我雖然有一些過錯，但我所認識的某人所表現的某些卑鄙行為，實在令我不齒。」主並沒有按照罪惡的輕重而列出一張單子，叫我們看出哪些罪是無關緊要、為害不大的，哪些罪是較為嚴重、為害頗大的。

鏈條的堅固程度取決於它最薄弱的環節。換句話說，若這條鏈子總體大致上是好的，卻有一節是弱的，那條鏈子便不可靠了！得勝的功課是每個盼望進入天國之人所必須查考的。那將破口而出的急躁話必須抑制不講，你不該有那種認為你的品格沒有受到該有的評價之想法，因為這些都會減弱你的感化力而致使別人看輕你的必然結果。你應該克服自詡為烈士的想法，乃要承受基督的應許：「我的恩典夠你用。」（1893 年 8 月 1 日《評論與通訊》）

思想的控制

你應當遠避撒但的領域，不讓你的思想偏離效忠上帝的立場。你可以、且應當靠基督喜樂、養成自制的習慣。你的思想都必須服從上帝的旨意，在情感上也須受理智和宗教的控制。你的想像力並不是賜給你們任意胡思亂想、不加限制或鍛鍊。如果思想不正當，情感也就不正當，畢竟思想與感情就是組成品格的主要成分。只要你們斷定身為基督徒是不需要控制自己的思想與感情，你就必受到惡使者的影響，並招致他們公開的控制。如果你隨從自己的感觸，讓你的的思想進入猜疑、惶惑和埋怨的道途，那麼你就必列於最不快樂的人群之中，而你的人生也必是失敗的。《教會證言》卷五，第310頁)

聖經教導
年輕人的
(告青年書精簡版)
15
堂課

SHARE

HOW TO
SAY
"NO"

WORK
HARDER!

第三篇

獲得勝利

堅持愛主

Jesus
is
Love

人的心靈若自覺一無是處、只能全心仰賴救主耶穌的功德，那麼，這樣的人雖看似最為無助，卻無人能敵。上帝會派遣天上的全部使者來幫助他，絕不容他被擊敗。(《教會證言》卷七，第17頁)

前進上升

惟願我能描繪出基督教生活的美。基督徒生命的初始，就被自然律和上帝的律法管制，穩健地前進上升，日益接近他的天家，那裡有他生命的冠冕和新的名字為他存留，「除了那領受的以外，沒有人能認識。」他在幸福、聖潔和效益之中不斷地成長，一年比一年更進步。

上帝已給青年一個梯子，從地上直通到天國，供他們攀登。上帝在梯子頂端，將祂榮耀的光輝光照每個階梯。祂注視著那些攀登的人，準備在他們手鬆腳軟之時施以援助。是的，要以鼓舞的話語對他們說：凡堅忍努力攀登這梯子的人，都能進入天城。

撒但向青年提供許多試探。他正在以他們的靈命為兒戲，千方百計地引誘並敗壞他們。他將許多的誘惑擺在青年人的面前。他玩弄他們的靈魂，千方百計地要引誘並毀滅他們。但是上帝不會讓他們與那試探者孤軍奮戰。他們有一位全能的援助者。

　　耶穌比他們的敵人更為強大，祂來到世界成為凡人的樣式來面對撒但並戰勝了他、抵擋了今日青少年所遇到的每一個試探。祂是他們的長兄，對他們關愛至深。祂經常看顧他們，而他們努力想得蒙祂喜悅的心令祂感到欣慰。在他們祈禱的時候，祂以祂公義的馨香將他們的祈禱一同獻給上帝，當作芬芳的祭物。青年可以靠著祂的大能渡過苦難，成為十字架的精兵。有了祂的大能，他們得以實現擺在他們前面的崇高理想。髑髏地的犧牲，乃是他們得勝的保證。

上帝並不是無理性的

　　上帝的教會乃是大小器皿所組成的。主不做無理的要求，不會期許小器皿要盛大器皿所能裝的分量。祂照個人所擁有的收取回報，而不是根據他所無的。你只要盡力而為，上帝必悅納你的努力。要負起你身邊的責任，並誠心以赴，你的工作就必為主完全悅納。不可只想著做大事而輕看了等待你去做的小任務。

　　切勿疏忽私密的祈禱和《聖經》的研究。這些乃是你的武器，可以用來抵擋那力圖攔阻你走向天國的大仇敵。對讀經和禱告若有了一次的疏忽，下一次就更容易疏忽。對聖靈的懇勸有了第一次的抗拒，就必為第二次的抗拒預備道路。如此人的心地就剛硬，良知就麻木了。

　　反之，每抵抗一次誘惑，下次就會更容易抵抗。每一次克己，就使克己的工夫更易做成。每一次的勝利，就為更新的勝利預備了

道路。對於試探的每一次抵抗，每一次的克己，對於罪惡的每一次的勝利，都是種下永生的種子。每一無私的行為都賦予靈性新的力量。凡盡力效法基督的人，無不日益高貴而真實。

培養信任之心

主會認可你為達到祂的理想而做的一切努力。若你失敗了、陷入罪惡之中，不要覺得你不能祈禱、不配來到主面前。「小子們哪，我將這些話寫給你們，是要叫你們不犯罪，若有人犯罪，在父那裡我們有一位中保，就是那義者耶穌基督。」祂張開雙臂等待著歡迎浪子回家。你要來到祂面前，將你的錯誤和失敗告訴祂，求祂賜你力量再努力。祂絕不會使你失望，也絕不會辜負你的信任。

試煉必臨到你。主要藉此磨去你品格上的粗劣之處。不要發怨言。你若心懷不滿，就必使自己的試煉更艱難。要以喜樂順服榮耀上帝。要有耐心忍受壓迫。縱然有人虧負了你，仍要在心中保持上帝的愛。「須要禁止舌頭不出惡言，嘴唇不說詭詐的話；也要離惡行善；尋求和睦，一心追趕，因為主的眼看顧義人，主的耳聽他們的祈禱。」

「慎防令人絕望的道途；幽黯之日，只待明朝，終必過去。」「你們得力在乎平靜安穩。」基督熟知你所受試探的強烈和你抵拒試探的能力。祂柔和憐憫的手常向每一受苦的兒女伸出。祂對受到試探而沮喪的人說：孩子，我為你受苦受死，你還不能信任我嗎？「你的日子如何，你的力量也必如何。」

「當將你的事交託耶和華，並倚靠祂，祂就必成全。」……
祂必「像大磐石的影子在疲乏之地。」祂說：「可以到我這裡來，
我就使你們得安息」——這種安息是世界既不能賜與，也不能奪去
的。

一個誠心信靠上帝聖言之人，他所擁有的平安和喜樂乃是言語
所不能形容的。試煉不足以攪擾他，人的輕蔑也不足以觸怒他。他
已把自我釘在十架上。或許他的責任日益繁重、試探日益增強、磨
煉日益嚴峻，但他卻不動搖，因為他所得到的力量正好與他的需要
相稱。（1902 年 6 月 26 日《青年導報》）

勝利的代價

基督為要使人能進入天國，已經為他犧牲了一切。因此，現在
應是墮落之人必須表明自己願意為基督作何等犧牲，以贏得永遠榮
耀的時候了！凡對救恩的偉大與代價有正確領悟的人，絕不會抱怨
他們必須要流淚撒種，也不會抱怨奮鬥與克己是基督徒生命的一部
份。（1880 年 3 月 4 日《時兆》）

建造完美的品格

基督並沒有向我們保證，要達到完美的品格是一件容易的事。
高尚完美的品格並不是先天遺傳的，也不是偶然臨到的。高尚的品
格乃是藉著基督的功勞與恩典，加上個人的努力才能獲得。上帝賜
予諸多才能與思考的能力，使我們能建造品格。品格是透過與自己

堅苦的爭戰形成的，是一次又一次與傾向罪惡之本性相對抗。我們必須對自我嚴格批判，連一個缺點也不可越過而不予以糾正。

任何人也不可說：我不可能補救我品格上的缺點。如果你做這樣的決定，那麼你在獲得永生的事上一定會失敗。「不可能」的心思就進入你的意念之中。你既不甘願，就不能制勝。真正的困難來自內心不聖潔的腐化與不願順從上帝掌管的心。

提高目標

許多蒙上帝賦予資質足能從事卓越工作的人卻少有成就，這是因為他們嘗試的太少。千萬人終其一生，彷彿沒有什麼一定的人生目標，也沒有什麼要達到的標準。這樣的人將要得到與他們工作相稱的報償。

要記得，你永遠不會超越你為自己設下的標準，所以你必須要提高你的標準，並逐步上進；縱使必須經過艱苦的努力和克己犧牲，也要爬到梯子的最高一層。不要讓任何事物阻止你。命運並未將任何人牢牢地纏住使他變得無助不安。逆境應使你產生堅毅的決心想要去戰勝它。突破了一層難關將使你有更大的能力與勇氣向前邁進。當抱著決心朝正確的方向前進，這樣，環境就將成為你的助手，而不是你的障礙了！

培養各種品德

要為主的榮耀立下大志培養品格的各種美德。要在你建立品格

的各方面求得上帝的喜悅。這是你可以做到的；因為以諾雖然處在一個墮落的時代，但他仍蒙上帝的喜悅。在我們這個時代中，也一定有很多的以諾。

當像忠心的政治家但以理一樣忠誠，不為任何試探所腐化。不可辜負愛你的主，祂為了赦免你的罪不惜獻出自己的生命。祂說：「離了我，你們就不能作什麼。」（約15：5）要記得這話。若你犯了錯，只要你能看出這些錯誤，並視為警戒的標識，你就必獲得勝利。這樣，你就能轉敗為勝，使仇敵失望，並尊榮你的救贖主。

那按照神聖的楷模而造成的品格，乃是我們能從今世帶入來生的唯一財寶。凡在今世置身於基督訓誨之下的人，必能將各樣神聖的造詣都帶入天上的居所；而且在天上我們還要繼續地進步。由此可見在今生品格的培養該是多麼的重要！

祂的命令具有成全之能

天上的眾生都要與那些以堅定的信心追求，並使行為得以完全的完美品格之人合作。基督對每一個參與此種工作的人說：我在你的右邊幫助你。

當人的意志與上帝的旨意合作時，人的意志就成為無所不能的了。凡是奉祂的命令而去做的事，都能靠祂的力量完成。祂的一切吩咐都具有成全之能。（《天路》第286-288頁）

我們恆久的依靠

那些不覺得自己必須時刻依靠上帝的人，必被試探所勝。我們現在自以為站立得穩，永不會搖動；我們很自信地說：「我知道所信的是誰，沒有什麼能搖動我對上帝和祂話語的信心」。但是撒但正在計畫要利用我們品性的天性和養成的弱點，蒙蔽我們的眼睛，使我們看不出我們的需要和缺乏。惟有認清自己的軟弱，目不轉睛地仰望耶穌，我們才能步履安祥。（《歷代願望》第383頁）

信心的戰鬥

許多青年對於事奉上帝，沒有固定的原則。每當烏雲密佈，他們就意氣消沉，沒有持久的耐力。他們沒有在恩典中長進。他們看似遵守了上帝誡命，卻不順服上帝的律法，也無法順服。他們屬血氣的心必須改變，必須看出聖潔中的優美：這樣才能切慕聖潔如鹿切慕溪水一般；這樣他們就必愛上帝和祂的律法；這樣基督的軛就必成為容易的，祂的擔子就必成為輕省的了。

親愛的青年啊，如果你們的腳步是主所立定的，就不要期望你們的道路在表面上是平穩順利的。那通往永恒之日的道路絕不是最容易奔走的，有時看起來是黑暗且滿佈荊棘的。但你可確信上帝永恒之膀臂懷抱著你，保護你脫離邪惡。祂希望你對祂有真誠的信心，學會在陰影之中相信祂，猶如在陽光之下相信祂一般。

活潑的信心

跟從基督的人必須常存著信心；因為人非有信，就不能得上帝的喜悅。信心乃是一隻握住無限助力的手，是能讓一顆重生之心與基督之心產生共鳴的媒介。

老鷹在奮力飛回巢穴時，往往被暴風摧逼到峽谷深處。洶湧暴起的黑雲，阻擋牠飛向高峰之處、那個被陽光照射的巢。有一段時間，牠惶惑不定、不停左右橫衝，猛烈煽動牠強壯的翅膀，好像要驅散濃密的烏雲。牠企圖尋覓逃出那山谷和風雲包圍的路，牠狂叫的聲音喚醒了山間的野鴿。最後牠猛然向上直衝，頃刻之間沖破了烏雲而升上寧靜的日光之中，並發出勝利的叫聲。這時黑雲與風暴盡都在牠以下，而天上的光在牠四圍照耀。牠飛到峭壁上所愛的巢穴中感到心滿意足。牠穿過了黑暗進入光明。牠雖經過一番奮鬥，但牠所得的報賞就是得到牠所追求的目標。

這是跟從基督的人唯一可以遵循的道路。我們必須運用活潑的信心，穿透一道猶如厚牆般遮蔽天上光明的烏雲。我們有信心的高處需要攀登，那裡盡都是在聖靈裡的平安與喜樂。

終身的奮鬥

你可曾注意過老鷹追捕怯弱的鴿子？鴿子生來就知道，老鷹捕食必須飛得比牠所捕捉的獵物更高。因此鴿子就竭力上升到那蔚藍的穹蒼，老鷹雖仍竭力追捕，尋求可乘之機，最終徒勞無功。只要

鴿子繼續向上飛逃，而不讓任何事物使牠轉向地面，牠便安全了；但牠如果稍微躊躇因而低飛，牠那警覺的仇敵就要猛然撲攫。我們每次看到這種事件，幾乎是屏息注視著，而我們總是同情那小鴿子。看到牠被那隻殘酷的老鷹捕獲，是多麼傷心啊！

我們正面臨著一場戰爭——要與撒但和他誘人的試探做終身的抗爭。敵人必要利用各種論據、騙術來纏住生靈；所以我們為要贏得生命的冠冕，必須認真、恆切地努力。我們絕不可卸甲丟盔或退出戰場，直到我們獲得勝利，並能在救贖主裡面誇勝為止。只要我們定睛仰望那為我們信心創始成終的主，我們便安全了。但我們必須思念上面的事，不要思念地上的事。我們必須憑著信心，在求得基督的美德上越升越高。我們因天天思慕祂無比的優美，而變得越來越與祂那榮耀的形象相似。我們這樣與上天經常保持交往，撒但為我們所佈下的網羅就歸於徒然了。（1898 年 5 月 12 日《青年導報》）

勝利的歸屬

我們很少去思考，若我們能與一切力量的源頭聯繫起來，就能享有多大的能力。我們一再地陷入罪中，並習以為常，還緊抓著自己的弱點不放，好像這是一件值得驕傲的事。基督告訴我們，我們若想要戰勝，就必須硬著臉面好像堅石般。祂已被掛在木頭上親身為我們擔負了罪債；我們藉著祂所賜的能力，可以抵抗世俗、肉體的情慾和魔鬼。既然如此，我們就不要提說自己的軟弱無能，卻應談論基督和祂的能力。我們在談論撒但的能力時，仇敵就必在我們

身上更加強固他的勢力。何時我們談論那全能者的大能，仇敵就必
敗退。我們親近上帝，祂也必親近我們。

我們當中有許多人沒有善用自己的特權。我們在行善的事上只
做幾番微弱的努力，然後就又回到我們過的罪惡生活去。我們若要
進入上帝的國，就必須具有完美的品格，毫無玷污與瑕疵。當我們
越接近末期，撒但便更加緊行動。他要安排許多我們未曾知道的網
羅來佔據我們的心意。他千方百計地企圖遮蔽上帝的榮耀，使之不
能照耀人心。他能否控制著我們的心思意念，或我們能否在新天新
地中有一席之地，並分享亞伯拉罕的基業，這問題完全取決於我們
自己。

上帝的大能，加上人的努力，已經為我們取得了光榮的勝利。
這一點我們豈不應感佩呢？天庭一切的豐富，已經在耶穌裡都賜給
我們了。上帝不容邪惡之徒妄稱他能做得比祂更多。祂所創造的諸
世界，天上的眾天使，都能見證祂的作為已達至高，無人可以比
擬。上帝有許多能力之源，我們至今仍毫無所知，在我們需要的時
候，祂就會把這些能力供應給我們。但我們的努力必須常與上帝的
大能相配合。我們的智力、理解力、全部身心的能力，都必須予以
運用。……只要我們站立去面對危難，像等候主人一樣武裝自己；
只要我們肯盡力制勝自己品格上的每一缺點，上帝就必賜我們更多
的亮光、能力和幫助。（1900 年 1 月 4 日《青年導報》）

信心與本分

信心不是感覺。信心乃是所望之事的實底，是未見之事的確據。有一種宗教在本質上原是自私自利的。它喜愛世俗的享樂、只滿足於思考基督的教義，而對基督的救贖之能一無所知。信奉此種宗教的人輕忽罪惡，因為他們不認識耶穌。他們在此種情形之下，並不重視本分。其實忠心履行本分和對上帝聖德的正確認識，原是不可分的。（1907 年 2 月 28 日《評論與通信》）

如何作剛強的人

基督已經作了充分的準備使我們能作剛強的人。祂已將祂的聖靈賜給我們，這聖靈乃是要幫助我們記住基督所做的一切應許，使我們可以有平安和蒙饒恕的甜蜜感覺。只要我們定睛仰望救主，信賴祂的能力，我們就必滿有安全之感；因為基督的義必要成為我們的義。

我們若談論自己的無能，那就是羞辱祂了。我們不要只看自己，乃應不住地仰望耶穌，日益變得更加像祂，更加能談論有關祂的事，使自己配受祂的仁慈與幫助，接受祂所賜予的福惠。

若我們在生活上這樣與祂相交，就能靠祂的能力而變為剛強，幫助並加惠周圍的人。只要我們照主的要求去做，我們的心就必如聖潔的金琴，其中每一根弦都必彈出頌讚與感謝，歸於上帝所差來除去世人罪孽的救贖主。

仰望祂的榮耀

當試探侵擊時，你一定會感到憂慮與困惑環繞於你、使你痛苦灰心、瀕於絕望，這時就應當仰望！哦，仰望吧！要用信心的眼目，仰望你所見證過的那道亮光；這樣，那包圍你的黑暗，就必被祂榮耀的光輝所驅散。當罪惡在你心中爭勝、壓迫你的良心，當不信的烏雲遮蔽你的心靈時，就要到救主跟前去。祂的恩典足能克服罪惡。祂必赦免我們，使我們在上帝裡面有喜樂。

我們不要再談論自己的軟弱無能，要忘記背後，努力面前奔走天路。不要錯過任何能使我們進步的機會以便使我們在上帝的工作上更有助益，如此，聖潔的優美必像金線一樣交織在我們的生命中，眾天使既看見我們的獻身，就要重申這應許說：「我必使人比精金還寶貴，使人比俄斐純金更稀罕。」當軟弱有缺陷的人把自己交給耶穌以實踐祂的生活時，全天庭都會歡欣鼓舞。（1908 年 10 月 1 日《評論與通訊》）

因悔改而得喜樂

世人得救的條件，乃是上帝所命定的。謙卑和背負十字架，乃是悔改的罪人尋得安慰與平安的唯一門徑。每當思想到耶穌曾經忍受人類未曾受命忍耐過的屈辱和犧牲，一切怨聲就該止息。人因違背上帝的律法而誠懇地向祂悔改，並信靠耶穌基督為罪人的救贖主與中保，就享有最甘美的喜樂。（1880 年 3 月 4 日《時兆》）

得勝的生活

平安是因依靠神聖能力而來的。人一旦決心照著所領受的亮光而行，聖靈就必立即賜以更多的亮光和力量。聖靈恩典的供給需要心靈堅定的配合，但這卻不能代替個人信心的運用。基督徒生活的成功取決於領受多少上帝的亮光，但那使人心靈在基督裡得著自由的，並不是充足的亮光和憑據，而是人盡他所能、靠他的意志和心靈的活力，一致奮起誠懇地呼籲說：「主啊，我信；但我信不足，求主幫助。」

我因未來的光明遠景而喜樂，你也該如此。要樂觀，並因主的慈愛而讚美祂。至於你所不能明白的事情，儘可交託祂。祂愛你，並憐恤你的每一弱點。祂在基督裡「曾賜給我們天上各樣屬靈的福氣。」那位無窮者，如果不將相等於祂所賜給祂兒子的福氣賜給凡愛祂兒子的人，祂就不稱心滿意。

撒但企圖使我們的心意轉離那位大能的幫助者，而慫恿我們去思念自己心靈的腐敗。耶穌雖然看到我們過去的罪孽，但祂仍賜予赦免；所以我們不可因懷疑祂的大愛而羞辱祂。必須將有罪的感覺卸在十字架的腳下，否則勢必毒害生命之源。當撒但以各種恫嚇威脅你時，就轉身面向主，讓上帝的應許來安慰你的靈魂。

上帝的兒女不可為感覺和情緒所左右，他們若徘徊於希望與恐懼之間，基督的心就傷痛，因為祂已經向他們證明了祂對他們的

愛。……祂要他們執行祂所分派的工作；這樣，他們的心就必成為祂手中的聖琴，它的每一條弦都必奏出頌讚和感謝，歸給上帝所差來除掉世人罪孽的主。

基督對於祂兒女的愛既溫柔又堅強，這愛比死更堅強；因祂曾以死亡來換取我們的拯救，並使我們與祂奧祕而永遠地合而為一。祂的愛十分堅強，甚至支配了祂一切的能力，並運用天庭廣大的資源，來謀求祂子民的幸福。這種愛沒有改變，也沒有轉動的影兒，它在昨日、今日、一直到永遠，都是一樣的。雖罪惡已存在許久，想要企圖磨滅這愛、阻擋它流到地上，但它依然像洪流一般湧向一切基督所為之捨命的人。（《給傳道人的證言》第 518、519 頁）

支配一切的感化力

須記得在你的生活中，宗教不僅是許多感化力之一，也應該是凌越於其它一切之上的感化力。（《教育勉言》第 489 頁）

活潑的信心

許多誠意尋求心靈聖潔和生活純淨的人，似乎覺到困惑沮喪。他們一直專注著自己，為缺乏信心而哀聲嘆息；這是因為他們沒有信心，他們覺得他們不能承受上帝的福惠。這些人把感覺誤當信心。他們沒有看出真信心的單純性，於是就給自己心靈蒙上了巨大的黑暗。他們應將思想轉離自己，繼而專注上帝的恩慈與良善，並重申祂的應許，然後赤誠地相信祂必定成全祂的話。

我們不要依靠自己的信心，而要依靠上帝的應許。當我們為過去違背祂律法的罪悔改，並決心以後都將甘願順從祂時，就當相信上帝必因基督的緣故悅納我們，並赦免我們的罪。

黑暗與灰心有時會籠罩著心靈，威逼而來似乎要將我們壓垮；但我們絕不可丟棄信心，不管有沒有感覺，仍要定睛仰望耶穌。我們應該忠心努力履行一切已知的本分，然後平心靜氣地信靠上帝的應許。

不可依靠感覺

我們有時因深覺自己不配，而使心靈感到非常惶恐；但這並不足以證明上帝對我們，或我們對上帝已有所改變。人不應意圖把思想控制在某種強烈的情感之中。我們今天可能感受不到昨天的平安和喜樂；但我們仍應憑著信心握住基督的手，在黑暗中完全信賴祂，如同在光明中一樣。

撒但或許要低聲說：「你罪大惡極，基督不能拯救你。」在承認自己確實有罪而不配之時，你可以用這話回應那試探者說：「我憑著救贖的功效，接受基督為我的救主。我不依靠自己的功勞，卻依靠那使我潔淨的耶穌寶血，此刻我將我無助的心靈交託給基督。」基督徒的生活是有一種長久活潑的信心之生活。堅定不移的信靠、對基督堅心的倚靠，必能使心靈帶來平安與保證。

不可灰心

不要因你的心靈剛硬而灰心。要把你所遇到的每一障礙、內心交戰的每一仇敵，都視為更加渴望對基督的需要。祂來是要除掉石心，給你一顆肉心。你要向祂尋求特別的恩典來克服你特殊的過失。受到試探引誘時，要堅決地抗拒邪惡的唆使，並對自己的心靈說：「我怎能羞辱我的救贖主呢？我已經獻身給基督；我不能做撒但的工作。」向親愛的救主呼求幫助，放棄一切偶像、除掉一切愛戀難捨的罪。要用信心的眼睛去看耶穌站在天父寶座前，舉著那有傷痕的雙手為你代求。要相信你必藉著可貴的救主獲得能力。

思念基督

要憑著信心仰望那為凡得勝的人所存留的冠冕；並傾聽贖民的凱歌，那救贖我們歸回上帝的被殺之羔羊，是配得榮耀的！要盡力將這些景象看為真實的。第一個為基督殉道的司提反，在與執政的、掌權的、以及與惡魔進行可怕的爭戰時，喊叫說：「我看見天開了，人子站在上帝的右邊。」世界的救主竟向他顯現，以最深切的關懷從天上垂看司提反，基督臉上的榮耀光輝照射在他身上，甚至連他的敵人都看見他臉上發出了光芒、如同天使的臉一般。

若我們能讓自己的思想專注於基督和天上的世界，我們就必尋得強大的鼓勵與支持為主而戰。若我們常思想那片榮美的土地將成為我們家園，驕傲和貪愛世俗的心就會因此喪失力量。一切屬世的吸引力，若與基督的榮美比較，必顯得毫無價值。

矯正思想的習慣

不要以為自己不做任何努力就能得上帝寵愛的保證。當人的思想長久注意地上事物之時，要改變思維的習慣就非常困難。若習慣任由我們的眼目觀看、耳朵傾聽，我們就很容易被那些屬世的事物吸引而去。

但我們如果想進入上帝的聖城，瞻仰耶穌的榮耀，我們就必須在今世習慣用信心的眼睛仰望祂。基督的聖言和聖德應該常成為我們思想和言論的主題；而且我們應該每天用一些時間專門默想這些聖潔的題旨。

成聖乃是每天的工作

成聖乃是每天的工作。誰都不可自欺，以為上帝會饒恕他們踐踏祂的律例，並且還會賜福他們。明知故犯的罪必使聖靈作證的聲音止息，並使心靈與上帝隔絕。無論人的宗教情緒高昂到何種程度，耶穌都不會住在不顧神聖律法之人的心中。上帝只看重那些尊重祂的人。

「你們獻上自己作奴僕，順從誰，就作誰的奴僕。」如果我們放縱忿怒、情慾、貪婪、怨恨、自私，或任何其他的罪，我們就成為罪的奴僕。「一個人不能事奉兩個主。」如果我們事奉罪惡，就不能事奉基督。基督徒都會受到罪的刺激，因為情慾和聖靈之間不斷競相爭鬥。然而這正是需要基督幫助之處。人的軟弱既與神的能

力聯合，信心便揚聲說：「感謝上帝，使我們藉著我們的主耶穌基督得勝。」

　　我們若想培養出上帝悅納的品格，就必須在我們的宗教生活上養成正當的習慣。每日祈禱是我們在恩典中長進所必須的，也是維持屬靈生命不可或缺的，如同世上食物能使身體健康一樣。我們應該要習慣於常在祈禱中把思想提升到上帝面前。若思緒飄去，我們就必須把它轉回來；藉著恆切的努力，習慣最終會讓一切變成自然。我們不能預想有片刻與基督分離而無危險。只要我們遵從祂的律例，祂必在我們所走的每一步與我們同在。

以基督信仰為要務

　　宗教必須成為人生的要務，其他事物都應居於次要。我們身體和靈魂的全部精力，都必須投入基督徒的戰鬥中。我們必須依賴基督而獲得力量和恩典，這樣我們就必定得勝，其真實性猶如耶穌為我們而死一樣。

　　我們必須要更靠近基督的十字架。在十字架腳前悔改認罪，乃是我們學習得享平安的第一課。耶穌的愛──誰能充分體會呢？這愛比母愛更溫柔、更無私！若想明白人生命的價值，就必須以信心的眼睛仰望十架，從中開始學習得救之人一生所要學的知識與頌讚。基督為救贖我們所付出的極大代價，使我們的時間與才能變得如此珍貴。若我們不願將自己獻給主、一生愛祂服事祂時，就是搶奪祂的供物、做出忘恩負義的事！我們將自己奉獻給那曾為我們捨

棄一切的主，難道不合理嗎？當我們望著基督不朽的榮耀——就是「在我寶座上與我同座，就如我得了勝，在我父的寶座上與祂同坐一般」，我們還會選擇這世界為我們的好友嗎？

成聖是逐步形成的經驗

　　成聖乃是一種逐步進行的工作。彼得已把這些步驟陳列在我們面前：「你們要分外的殷勤，有了信心，又要加上德行，有了德行，又要加上知識；有了知識，又要加上節制；有了節制，又要加上忍耐；有了忍耐，又要加上虔敬，有了虔敬，又要加上愛弟兄的心；有了愛弟兄的心，又要加上愛眾人的心。你們若充充足足的有這幾樣，就必使你們在認識我們的主耶穌基督上，不至於閒懶不結果子了。」「所以弟兄們，應當更加殷勤，使你們所蒙的恩召和揀選堅定不移；你們若行這幾樣，就永不失腳。這樣，必叫你們豐豐富富地得以進入我們主救主耶穌基督永遠的國。」

　　這是一條我們可以遵守並確信絕不會失敗的途徑。凡為了得到基督恩典而加倍努力做成聖之工的人，可以確知上帝必在這工作上將祂的聖靈以雙倍的恩賜加給他們。

　　彼得寫信給那些跟他同樣有寶貴信心的人說：「願恩惠平安，因你們認識上帝和我們主耶穌，多多加給你們。」凡願意的，都可以靠上帝的恩典，攀登那從地上直通到天上的光明階梯，而終有「歌唱……永樂歸到他們的頭上」，從門進入上帝的聖城。（1887年11月15日《評論與通訊》）

考驗的價值

人生所有的試煉都是上帝的工匠,要從我們的品格上除去所有的污點和粗糙之處。試煉就像在對我們施行削整、鑿琢、磋磨,這些都是痛苦的過程,被放在磨輪上輾壓是難以忍受的苦。但經過加工以後,這樣的石頭才能適於安放在天上的聖所。主絕不會在無用的材料上花精力去做精細徹底的工夫,祂只鑿磨所珍愛的石頭使它像宮殿之物一樣美。 (《福山寶訓》第 17、18 頁)

能力的隱密處

人能夠因為來到至高者的隱密處、處在全能者的蔭下而得到復原;他們會因為來到祂那裡短暫的停留而得以彰顯高貴的行為;但人無法持續這關係,因為人很快的就會變得信心軟弱、與祂的聯合破裂,我們靠自己的努力所得的聖潔便崩潰瓦解。然而我們主耶穌的生命,卻是恆久委身的生命,祂與上帝的關係永不間斷,卻要生生不息;祂為天庭與世人的服務永不放棄、也不疲倦。

祂以人的身分來到上帝的寶座前懇求,直至祂的人性受了自天而來的能力所充滿,使人性與神性相連,祂從上帝那裡獲得生命,就將生命分賜世人。 (《教育論》第 73 頁)

與基督聯合

憑著活潑的信心與基督聯合,才是持久不變的;其他的聯合必然消滅。是基督先揀選了我們,為救贖我們付上了無限的代價;

因此一個真正的信徒須在萬事上以基督為始、為終、為至善。但我們也須為這種聯合付上代價。這是一種完全信賴的聯合，是驕傲的人性所要經驗的。凡參與這種聯合的人，必須察覺到自己需要基督贖罪的寶血。他們必須心意更新，使自己的意志順服上帝的旨意。他們將會與外在和內在的障礙相爭，也會經過一番痛苦的離散與結合。如果我們要與基督聯合，就必須要戰勝驕傲、自私、虛榮、世俗等各式各樣的罪惡。許多人之所以感覺基督徒的生活如此艱辛，他們之所以那麼飄浮無定、變化無常，乃是因為他們試圖在沒有擺脫這些偶像之前，就與基督聯合。

人與基督聯合之後，就必須藉著誠懇的祈禱和不倦的努力，才能保持這種聯合。我們必須抗拒、捨棄、戰勝自我。我們必須倚靠基督的恩典，藉著勇敢、信心、儆醒，方可獲得勝利。（《教會證言》卷五，第 231 頁）

聖經教導
年輕人的
（告青年書精簡版）
15
堂課

第四篇

行在光中

WORK
HARDER!

堅持愛主

Jesus
is
Love

　　救主正俯身垂顧祂用寶血贖回的人，以無可言喻的柔和慈憐說：「你要痊癒嗎？」祂邀請你來享受健康與平安，而不要等到自覺得著痊癒。要相信救主的話，並將你的意志歸順於基督這一邊。要立志事奉祂、照著祂的話而行，你就必得到力量。無論是怎樣的惡習，或由於長久放縱以致束縛身心的強烈情慾，基督都能、也深願施予拯救。祂必將生命賜給那「死在過犯罪惡之中」的生靈。祂必釋放那被軟弱、不幸和罪惡的鎖鍊所束縛的囚虜。（《服務真詮》第84、85頁；見《健康與家庭》第96頁）

在恩典上有長進

　　「你們卻要在我們主——救主耶穌基督的恩典和知識上有長進。」青年人的特權乃是他們得以在耶穌裡成長，也在屬靈的恩典與知識上長進。我們可以藉著熱心查考《聖經》得以更加認識耶穌，因而遵循其中所顯示的真理與公義的道路。凡是在恩典上有長進的，就必在信心上得以堅固，勇往直前。

長進是穩固的必要條件

　　每一個立志作耶穌基督門徒的青年，應在心中存著熱切的希望，以達到基督徒最崇高的標準，與基督同工。他若立志要列身於

上帝寶座前的那群完美無瑕之人，他就必須不斷地向前邁進。那唯一保持穩固的方法，乃是在神聖的生活上天天長進。當你憑信心戰勝懷疑和阻礙的攻擊時，你的信心就必增強。真正的成聖是逐步進展的。你若在耶穌基督的恩典和知識上長進，就會善用每一特權與機會來更加認識基督的生活與品格。

當你藉著研究救主無瑕的生活和祂無限的慈愛更認識耶穌時，你的信心就必增長。你若自稱是祂的門徒卻與祂相離甚遠，又不受祂聖靈的培育，就是對上帝最大的侮辱。你若在恩典上有長進，就必喜愛參加宗教聚會，並樂於在會眾面前為基督的愛作見證。上帝藉著祂的恩典使青年得到智慧，也能使兒童得到知識與經驗。他們可以在恩典中天天長進。你不應憑感覺來衡量自己的信心。

省察內心

當深切省察自己的內心和自己對上帝之愛的狀態。要自問：我是否把今天寶貴的光陰用來尋求自身的愉悅與享樂呢，還是為了使人快樂？我有沒有幫助那些與我有關的人更愛上帝，並且喜愛永恆的事物？我有沒有在家庭中實踐我的信仰、在言語行為上表現出基督的恩德？我是否恭敬順從的孝順父母以表遵守第五條誡命？我是否欣然接受每天微小的義務並忠實的履行，且盡力減輕別人的負擔？我有沒有禁止嘴唇不出惡言、舌頭不說詭詐的話？我有沒有尊榮那位捨棄自己寶貴的生命，而使我可以得著永生的救主基督？

儆醒祈禱

　　親愛的青年，在一天開始時，切不可忽略向耶穌誠懇地祈禱，求祂賜你能力與恩典，使你能抵抗仇敵任何形式的試探；你若憑著信心和痛悔的心靈誠懇祈禱，主必垂聽你的禱告。你不但要禱告，也必須儆醒。耶穌說：「你們祈求，就給你們，尋找，就尋見，叩門，就給你們開門。因為凡祈求的，就得著，尋找的，就尋見，叩門的，就給他開門。你們中間，誰有兒子求餅，反給他石頭呢？求魚，反給他蛇呢？你們雖然不好，尚且知道拿好東西給兒女，何況你們在天上的父，豈不更把好東西給求祂的人嗎？」

　　兒童和青年都可將他們的重擔和困惑帶到耶穌的面前，並且知道祂必定重視他們的請求，將他們所需要的賜給他們。禱告要懇切、堅定。抓住上帝的應許並毫不懷疑地相信。不要等待發生特別的情緒才認為得蒙主垂聽。你不可指定什麼方式求主為你行事，才相信你能領受向祂所求的一切事；只要相信祂的話，將一切的事都交託在主的手中，並且篤信你的祈禱必蒙接納，上帝必會選擇在對你最有利的時間與機會之中，應允你的禱告；你也要把你所求的活在你的現實生活中，一心謙卑行事並繼續向前邁進。

　　「因為耶和華是日頭，是盾牌，要賜下恩惠和榮耀；祂未嘗留下一樣好處，不給那些行動正直的人。」（詩 84：11）

　　「耶和華的聖民哪，你們當敬畏祂，因敬畏祂的一無所缺。少壯獅子，還缺食忍餓；但尋求耶和華的，什麼好處都不缺。」（詩

34：9、10)

「要禁止舌頭不出惡言，嘴唇不說詭詐的話。要離惡行善，尋求和睦，一心追趕。耶和華的眼目看顧義人，祂的耳朵，聽他們的呼求，耶和華向行惡的人變臉，要從世上除滅他們的名號。義人呼求，耶和華聽見了，便救他們脫離一切患難。耶和華靠近傷心的人，拯救靈性痛悔的人。」（詩34：13-18）

這些都是豐富的應許，是以停止作惡並學習行善為條件。所以你要把人生的目標提高，如同約瑟、但以理和摩西一樣，願意為了建造品格而做出犧牲，更為今生與永世而建造。

我們很軟弱且缺少智慧，但上帝曾說：「你們中間若有缺少智慧的，應當求那厚賜與眾人，也不斥責人的上帝，主就必賜給他。」（雅1：5）須學習貫徹始終，絕不可鬆開你握住上帝的手，並要在祂的工作上恆久不倦，你便能靠羔羊的寶血作得勝的人。

無限行善的機會

當你為自己做善行時，也會在你所接觸的許多人身上發揮影響力。話語說得合宜，是一件佳美之事！一句帶有希望、勇氣和堅決遵行正道的話，對於一個容易養成敗德惡習的人，是多麼有力的幫助！你在實踐善良原則時所具有的堅定目標，必有一種足以助人走向正確方向的感化力。

你可以不斷的行善。如果你以上帝的話為你一生的準則，並以其中的律例來管束你的行動，使你所有的目標和為履行本分所做的努力，能成為人的福氣而不是禍害，那麼，你的努力必能成功。你已使自己與上帝聯合，成為使人得到光明的管道；你因與耶穌同工而得榮耀；沒有一個殊榮能比得上救主對你發出的嘉許：「好，你這又良善又忠心的僕人；你……可以進來享受你主人的快樂。」

（1886 年 9 月 1 日《青年導報》）

自我犧牲

救主不悅納心懷二意的服務。上帝的傳道人必須天天學習自我犧牲的真義。他必須研究《聖經》、學習其中的意義並遵守其中的教訓。這樣，祂便能達到基督徒完美的標準。上帝要天天與他同工，使他的品格達到完美，以致在最後考驗之時能站立得住。因此，信徒每天都要世人和天使面前，歷經極高的試驗，向墮落的世人展明福音所做的大工。（《傳道良助》第 113 頁）

效法世界

那些行走窄路的人，都在談論著他們在旅程的終點站所獲得的喜樂與幸福。他們臉上時常現出愁容，但也常煥發聖潔喜樂的光彩。他們的服裝和言行，不像那些行走寬路的人。有一個模範已賜給他們。那位多受痛苦，常經憂患的主已經為他們開闢了道路，並親自走過這條路。跟從祂的人看到祂的腳蹤，就得到安慰與鼓舞。祂已安然地行完這路，他們若跟隨祂的腳蹤行，也必如此。

寬路

行在寬路上的人都只專顧自己的人品、服飾和沿途的娛樂。他們任意放蕩、縱情享樂，並不思考他們人生旅程的終點，也不思考這段旅程的盡頭之後便是滅亡。他們雖日日接近自己的毀滅，卻仍瘋狂地越跑越快。這在我看來，是多麼可怕呀！

我看到許多行在寬路上的人身上寫著：「向世界而死。萬物的結局近了。你們也要預備。」他們看上去和周圍所有的的虛浮之徒一樣，只是我注意到他們臉上露出愁容。他們所講的話，與周圍那些放浪形骸沒有思想的人無異，但他們偶然也會非常滿意地指著自己衣服上的字，要求別人也把這些字寫在他們的衣服上。他們雖然行在寬路上，卻自稱是列身於那些行走窄路的人之中。那些在他們周圍的人說：「你我並無分別。我們都是一樣的；我們穿的、講的和行的也相同。」

我蒙指示，看見一些自稱守安息日的人與世人並無差異。我看出這對他們的信仰和上帝的聖工，都會是一種羞辱。他們否定了自己的信仰，以為自己不像世人，但他們在服裝、言語和行為上，與世人並沒有區別。

為何克己謙卑的生活變得那麼難做到？這是因為自稱為基督徒的人還沒有向世界而死。我們在向世界死了之後就容易生活了。我看出言語、行為和服飾應當為上帝作見證。如此就必在眾人身上發揮聖潔的感化力，眾人也必看出他們是跟從耶穌的。不信的人必

要看出我們所信的真理具有一種聖潔的感化力，而相信基督的復臨就足以改變人的品格。如果有什麼人想讓自己的感化力為真理作見證，他就應實踐真理，藉此效法那謙卑的模範。

為耶穌復臨預備

我看出上帝憎惡驕傲，所以凡狂傲的和行惡的，必成碎株，在那日被火燒盡。我看到第三位天使的信息，還須如麵酵般要在許多自稱相信它的人心中發生作用，洗滌他們驕傲、自私、貪婪和迷戀世俗之心。

耶穌即將來臨，祂尋獲的人是否為一群效法世界的人呢？祂是否會承認這些人是祂所潔淨為自己的子民呢？不，絕不！惟有純潔聖潔的人，才是屬祂的人。那些曾因受苦而被潔淨成雪白，並曾保守自己遠離世俗而不受沾染的人，祂必承認是屬於祂的。

我看見一個可怕的事實，那就是上帝的子民與世界並無二致；許多自稱是謙卑之主的門徒，他們與不信的人之間除了名分不同之外，並無區別，這使我深感悲慟。……當天使看到許多自詡為上帝子民之人仍迷戀世俗、沾染世俗的精神，並隨從世俗的時髦時，他就悲傷地說：「斬斷世俗之情吧！否則上帝要將你們列在城外那些偽善和不信的人當中。你們徒具虛名只能加深你們的痛苦，而且要受到更重的刑罰，因為你們明明知道祂的旨意，卻不遵行。」

那些自稱相信第三位天使信息的人，常因輕佻、戲謔、輕浮而

有害於上帝的聖工。我蒙指示，知道這種罪惡已遍布於本會全體之中。我看出必須在主面前自卑。上帝的以色列民應撕裂心腸，不要撕裂衣服。赤子般的純樸很少被看到；多半偏重於人的稱讚，而很少顧及上帝的不悅。

天使說：「要整頓你們的內心，免得祂臨到你們施行審判，使你們脆弱的性命斷絕，讓你們躺在墳墓中沒有保障，沒有為審判準備好。縱然你們沒有躺在墳墓中，你們若不趕快與上帝和好，並與世界脫離，你們的心地就會越變越硬，以致倚靠虛偽的保障、假想的準備，及至發覺了自己的錯誤，想再堅立充分的希望時無奈為時已晚。」（《教會證言》卷一，第127-134頁）

有什麼益處呢？

基督要每個人思考並誠實的計算：把耶穌這同等於永恆的財寶、生命、真理、天國，以及基督因得贖之人而有的喜樂等放在天平的一邊，再將世界所有吸引人的事物放在天平的另一邊；或者，將你自己的靈命，以及那些你本來可以相救免於淪亡的靈命放在天平的一邊，再將你自己和他們所可能獲得那與上帝生命相襯的生命放在天平的另一邊，仔細為今生和來生衡量一下。當你這樣做時，基督說：「人就是賺得全世界，賠上自己的生命，有什麼益處呢？」

上帝希望我們選擇那屬天的來代替屬地的。祂向我們展示投資天國的可能性。祂鼓勵我們實現最高的目標，並以上好的財富保我們周全。祂說：「我必使人比精金還少，使人比俄斐純金更少。」（賽

13:12。「少」字為「貴重」）當那些會被蟲蛀、又會銹壞的財寶盡都除去時，基督的追隨者將為他們所積償在天的財寶而歡喜，那是永不朽壞的財富。（《天路》第 331、332 頁）

真實的基督徒經驗

我見到青年人若未做完全的改變，一種徹底的悔改，他們就要使天庭失望了。從主所示意的情況來看，在那一群自稱信奉宗教與真理的青年人之中，真正悔改信主的人其實不到一半。如果他們真已悔改，就會結出果子，使上帝得榮耀。許多人都是倚靠一種沒有真實根基的假想期盼。泉源既不清潔，所湧出的泉水便也不清潔。惟有清潔了泉源，才能流出清潔的水來。

你若是心地正直，則你的言語、服裝、行為，也都正直。現今所缺少的就是真實的敬虔。我不願承認那些輕慢、輕率、不祈禱的人為基督徒，因為那是羞辱我的主。不！不能！因為基督徒必須要勝過那纏累自己憂慮、控制自己情緒的一切事物。有一種藥能救治被罪所折損的靈魂，這個救治之道就在耶穌裡。祂是寶貴的救主！祂的恩典足夠拯救最軟弱的人；連那最強的人，也必須靠祂的恩典，否則必會滅亡。

救贖的恩惠

我知道如何獲得恩典。要到屋內獨自向上帝祈求說：「上帝啊，求你為我造清潔的心，使我裡面重新有正直的靈。」（詩 51：10）禱

告要迫切誠懇，因為熱切禱告才會有極大的功效，如同雅各在禱告中與上帝角力一樣；禱告也要撕心裂肺地哀求，如同耶穌在園中禱告時那樣流下大滴的血汗；必須要努力禱告。在未覺自己在上帝裡面剛強之前，不要離開室內；要保持儆醒，只要儆醒祈禱，就能制服這些罪惡的纏累，而上帝的恩典就必能顯現在你身上了。

上帝要我不斷對你們發出警告的聲音。青年朋友們，應當全心尋求耶和華，帶著火熱的心前來。你們若誠心覺得沒有上帝的幫助就必滅亡，若渴慕袖像鹿渴慕溪水，上帝就必立刻使你們剛強，你們也要得到意外的平安。你們若希望得救，就當祈禱。要懇切祈禱，不可匆促、不可大意。求上帝在你們心中作一番徹底的改革，使袖聖靈之果可長存在心裡，並使你們向世人發光。不要妨礙或貽害上帝的聖工，乃要成為一種幫助、一個祝福。撒但是否曾對你們說，你們不能白白地充分享受救恩？別信他的話！

永生之途的開端

享受上帝之靈的感動是每位基督徒的特權。它能使你的心思滿有屬天的甜蜜平安，你也要喜愛默想上帝及天庭，並從《聖經》裡各樣榮耀的應許得到飽足。但你首先要知道，這只是基督徒歷程的開端、進入永生之途的初步而已。我害怕，因為我知道你們當中有許多人還不知道什麼是宗教。你們雖感覺受了情緒的奮興、得到一些感動，卻始終沒有看清罪的可怕真相。你們還不覺得自己滅亡的情形，也沒有傷心憂苦地離開惡行。你們對世界從未死心，還是那

麼貪愛世界的歡樂、喜愛討論屬世的事！一旦提起上帝真理之時，反倒無話可說。你為什麼這樣靜默呢？為什麼在談論屬世的事物時，滔滔不絕，而談到與你最相關的題目、就是與你整個靈性有關係的問題時，卻默默無語呢？可見得上帝的真理並沒有住在你們裡面。（《教會證言》卷一，第 158、159 頁）

為上帝的恩惠開路

撒但最懼怕上帝的子民除去一切障礙、肅清正道，使主將祂的靈澆灌在一個弱小的教會和一群衰微的會眾之中。如果撒但得逞了，我們就再也不會產生任何或大或小的屬靈奮興直到末日。但我們並不是不知道他的詭詐，而且他的魔力也是我們能抵擋的。我們若為上帝的靈預備了道路，祂的福惠就必臨到。如此，撒但再也無法阻止上帝的恩惠傾降在祂百姓身上，正如祂不能關閉天上的窗戶，使雨水不降在地上一樣。只要上帝的子民以謙虛悔過的心、承認並放棄他們的罪，並憑著信心要求領受祂的應許，惡人和惡魔都無法阻止上帝的工作，也無法將祂的同在阻隔於聚集來到祂面前的百姓。（1887 年 3 月 22 日《評論與通訊》）

自制

「不輕易發怒的，勝過勇士；治服己心的，強如取城。」祂已戰勝了人類最大的敵人——自己。自制乃是基督徒尊貴情操的最高確據。那能在辱罵的暴風雨中屹立不搖的人，是上帝的英雄。制服己心，意思是要能約束自己、抗拒邪惡，以上帝偉大公義的標準規

範自己的言行。凡習得制服己心的人，必能克服每日的侮蔑、挫折和煩惱，這一切無法使他的心靈蒙上陰影。上帝的旨意是要那使人成聖的王權之能在上帝恩典的掌控之下，在世人生活中產生影響。凡能制服己心的人便可獲得這種能力。

自制的力量

在兒童和青少年時期，品格是最容易受塑造的。這時正應養成自制的能力。在同桌共飯時所施的感化力，其效果可以存到永遠。人在早年養成的習慣，比任何天賦才能，更能決定他在人生戰場中的勝負。

在言語的使用上，無論老少，人最容易原諒自己的無心之過──就是經常說出輕率急躁的言詞。他們認為只要坦承說一句「我一時大意、言出無心」，就不用為自己所說的話負責。但《聖經》並不以此為輕微之過。《聖經》說：「你見言語急躁的人嗎？愚昧人比他更有指望。」「人不制伏自己的心，好像毀壞的城邑，沒有牆垣。」

人生大部分的煩惱、刺激和痛心的事，都出於不受約束的脾氣。人因一時衝動，口出急躁、憤怒或魯莽之言，可能招致終身痛悔都無法彌補的禍患。那些本可給人帶來幫助和救治的人，竟以急躁刺耳的話，扎傷了多少人心，離間了多少良友，摧毀了多少人的生命！

　　過分操勞有時會使人失去自制力。其實主從來不勉強人從事匆忙而繁複的事。許多人把慈憐的天父所不曾加在他們身上的重擔，全攬到自己身上來。祂從來沒有叫他們履行的責任，卻瘋狂地追逐著。上帝要我們明白，若我們負擔過多，導致操勞過度、身心疲乏、變得焦躁煩悶而責罵人時，就不能榮耀祂的名。我們只需要擔負主所交託我們的責任並信靠祂，這樣就能保守自己的心靈純潔、和藹而富有同情心了。

制服己心

　　緘默含有不可思議的力量。有人對你說出難堪的言語時，不可還口。對憤怒之人的回話，通常像鞭打一樣刺激他人越發激怒。但若以緘默應付憤怒，則怒氣必迅即消退。基督徒一定要控制自己的舌頭，決心不講刺耳和急躁的話。人若能控制舌頭，必會堅忍地克服各樣的試驗而得勝。

　　人不能靠自己的力量制服己心。但靠基督卻能獲得自制的能力。靠著祂的力量，可使自己的思想和言語服從上帝的旨意。基督的信仰能使情感受理智的控制，並控制自己的舌頭。在這種感化力之下，必能征服自己急躁的脾氣，使心中充滿忍耐和溫慈。

　　要緊緊握住那一位擁有天上地下一切權柄的主。你雖在忍耐和溫柔的表現上常常失敗，但仍不可停止奮鬥。要再次下定決心，使這次更加堅毅地在每次的挑釁下展現忍耐。絕不要讓你的眼目轉離你神聖的榜樣。（1907 年 10 月 31 日《評論與通訊》）

罪惡是無可推諉的

不能以撒但的勢力做為你錯誤行為的藉口。那些自稱跟從基督的人，若為他們自身品格的缺點找藉口，便使撒但極其歡喜。因為使人犯罪的，正是這些推托之辭。犯罪是不可原諒的。聖潔的性情、基督化的生活，都是悔改且相信上帝的兒女所能得到的。（《歷代願望》第 312 頁）

活潑的經歷

那位披上人性生命與榮耀的主向人顯示，上帝藉著賜下基督能使我們與祂聯合。人若不與上帝聯合，絕不能得享福樂。墮落的人類要知道，唯有悔改的罪人完全被上帝的慈愛所圍繞，並藉著上帝無玷污之羔羊的功勞而得以改變之時，祂才能心滿意足。

天上所有的智者也都為這目的而工作。他們在元帥的指揮下為那些因自己的過犯與天父隔離的人從事挽回之工。計畫已擬訂完成，為要向世人啟示基督奇妙的恩典和慈愛。為救贖世人，上帝的愛子償付無限為代價，為此，上帝的愛得以彰顯。這偉大的救贖計畫準備豐富，足以拯救整個世界。負罪墮落的人可藉著基督的赦罪與蒙恩的義，得以在耶穌裡成為完全。

十字架的能力

耶穌基督既取了人性，祂便以祂人性的手臂環抱人類，並又以祂神性的手臂握住那位無窮者的寶座。祂把祂的十字架樹立於天地

之間，說：「我若從地上被舉起來，就要吸引萬人來歸我。」這十字架乃成為吸引力的中心。

十字架向世人宣告並吸引他們越過罪惡的深淵，使有限的世人得與無窮的上帝聯合。惟有十字架的能力，才能使人脫離罪惡強大的束縛。基督為救罪人而捨己，那些罪蒙赦免並深愛耶穌的人，必與祂聯合、負基督的軛。這軛並非要困住他們，或使他們的宗教生活成為令人厭煩的苦役。不！基督的軛乃是要使基督徒得到愉快而歡樂的生活。若基督徒默想主賜下祂獨生子為世人而死，「叫一切信祂的，不致滅亡，反得永生，」必當歡喜快樂。

忠於基督

凡站在以馬內利大君血染之旗幟下的，都當在基督的軍中作忠勇的士兵。他們絕不可不忠，不可不誠。必有許多青年志願為耶穌，就是為生命之君而站立。但他們若願繼續為祂而立，就必須時刻仰望他們的元帥耶穌，靜待祂的命令。他們不能既作基督的精兵，卻仍參與撒但的聯盟、助紂為虐，因為這樣他們便成了基督之敵。他將辜負神聖的託付。他們會在撒但和忠貞士兵之間形成一個連環，於是藉著這些活的媒介，仇敵乃得以繼續不斷地從事盜取基督士兵的心。

親愛的青年，我請問你們，你們自稱是耶穌基督的士兵，可曾因祂參與過什麼戰役？可曾為祂獻身什麼工作？當上帝的聖言清楚地指示你當做的工，你可曾因自身喜好而拒絕接受？世界的吸引力

可曾誘使你不為基督服務？撒但利用各樣不實的事物來蠱惑你，以各樣看似微小的罪來誘使你慢慢遠離耶穌，最後引誘你犯下大罪使你完全背棄上帝。

你的名字可以寫在教會的名冊上、且聲稱是上帝的兒女，但若你的榜樣、你的影響，扭曲了基督的聖德，便會使別人離開基督。那自稱為信徒卻沒有在主所交付他的工作上全力以赴的人，就會失去幸福，也會失去平安或喜樂。他不斷地將世俗帶入教會之中，不願悔改認罪、降服於上帝，卻任由自己漸漸深陷世俗，最後寧願加入撒但的軍隊而不願站在基督的軍隊為主而戰。

需有實務的知識

我呼籲青年，要把那些纏繞你們真實的屬靈之世俗繩索斬斷。「你們務要從他們中間出來，與他們分別，不要沾不潔淨的物，我就收納你們。我要作你們的父，你們要作我的兒女，這是全能的主說的。」

我們的青年能聽到這邀請的聲音嗎？我們的青年很少意識到他們有責任要在他們的朋友之中表現出基督的生活與品格。我們的青年之中固然有許多人都明瞭真道的理論，卻很少有人能真正明白將真理付於實際行為的認知。我說出這些話是為了能使你得救。你不能事奉上帝又事奉瑪門。

基督徒的友誼

戰爭就發生在你每日要面對的一切生活之中。當你受到試煉時，你是否會將心底的渴望放置於基督的聖言之中、為此懇切向耶穌求告呢？許多人會建議你去聽一場音樂而不要去參加禱告聚會，或建議你不要去聽上帝僕人宣講自天而來的信息。真正的安全之所，乃是基督指示你必會與祂同在之處。

凡珍視基督之聖言的人絕不會避開禱告聚會，也不會缺席上帝僕人所宣講永恆福祉的聚會。耶穌曾說：「因為無論在哪裡，有兩三個人奉我的名聚會，那裡就有我在他們中間。」你能接受因選擇自己的喜好而喪失福惠麼？沉溺世俗不但對你，也對你周遭之人的生活與品格產生莫大的影響。

假若一切自稱為基督門徒的人能在言語和行為上不辱其名，就是以基督的心為心了，也必去做上帝的工作。他們必會抗拒放任自我的試探，以證明他們珍視與基督相遇的權利，勝於愛屬世輕浮的娛樂。這樣他們就必在別人身上有確切的感化力，引導他們傚效自己的榜樣。

行動勝於言語。喜愛享樂之人不會重視與上帝子民一同聚會的豐富福惠，不重視他們擁有導人正途的義務、期盼他人的心為主的聖靈所動。試問，有誰與他們同赴這些屬世的聚集呢？耶穌絕不會列席於那群世俗之人的聚會之中並賜下福氣，所以撒但就會趁機將許多世俗之事放入人的思想中以忘卻永恆的福祉。這是他顛倒是

非、混淆善惡的好機會。

這樣的聚會使人養成喜愛刺激與享樂、削弱自身的道德力。那些愛宴樂的人或許能維持敬虔的外貌，但他們卻與上帝毫無活潑的聯繫。他們的信心是死的，熱心全然喪失。他們不感覺有責任要向基督以外的人說合時的話語，勸他們將自己的心奉獻給主。（1893年3月30日《青年導報》）

信仰非情感

純正無瑕的信仰並非情緒，而是實踐憐憫和仁慈的行為。這種信仰是維持健康和幸福所不可缺的。這信仰能進入污穢的心靈殿堂，將罪惡的入侵者鞭笞驅逐。它既驅逐罪惡，便在人心的殿堂內為王、使人成聖，並以公義日頭輝煌的光線照明人的心靈。它也將心靈的窗戶向天開啟，使上帝之愛的陽光照射進來。它帶來寧靜與安泰，使人的身體、智力和靈力都日益增強，因為它將天國的氣息成為活潑有力的媒介充滿人的心靈，而基督也在心裡成形，成為有榮耀的盼望。（1901年10月15日《評論與通訊》）

在最小的事上忠心

「人在最小的事上忠心，在大事上也忠心。」

若在世人所謂的「小事」上仍克盡其責，他的人生就必成功。小小的慈善之舉、克己犧牲、幾句勉勵之言、提防微小罪惡，——

這就是所謂的基督教。感恩每日的福分、善用機會、殷勤培養所受託的才能，──這就是主所求於人的。

一個忠心實踐細微本分的人，已使自己準備好承擔更重大的責任。一個在日常生活上仁慈知禮、在自己家中忠厚忍耐、時常盡力以家庭生活快樂為目標的人，當主呼召他時，必會第一個站出來為主捨己犧牲。

均衡的品格

我們或許會願意為上帝獻上自己的財產，但我們若沒有將自己的愛和感謝之心一起獻上，就不是真正的奉獻。若想在國外地區作真正的佈道士，就必須先在自己的家鄉作真正的佈道士。凡希望在主的葡萄園中作工的人，必須先細心耕作祂所託付他們照管的一小塊園地；藉以為此作準備。

人「心裡怎樣思量，他為人就怎樣」。人的心思意念是構成每日生活的無字歷史記錄，這些思想對於品格的形成，影響至深。我們必須嚴謹地保守自己的心懷意念，因為不純潔的思想會在心靈中佔據深刻的印象，邪惡的思想必在腦海中留下邪惡的痕跡。如果人所懷存的思想是純正而聖潔的，他就因而成為更好的人。人屬靈的脈搏因這些思想而活躍起來，行善的能力也必加增。正如第一滴雨水是為第二滴做準備，使地土得到滋潤，照樣，一個好的思想必定能為第二個好的思想舖平道路。

千里之行，始於足下。連接的每一步將我們帶到路途的終點。綿長之鏈，始於串起單獨的小環，若有一環出現缺口，這條長鏈便毫無價值了。品格亦是如此。均衡的品格是由許多個別的善行所形成的。品格若產生了某個缺點而不予以克服，反而加以培養，必使人變為不完全，使聖城的門向他關閉。進入天國之人，他的品格必須是毫無玷污、無缺陷病態。凡不潔淨的，沒有一人能進入天國。凡蒙贖之人，絕無法從他的品格中查出任何瑕疵缺點。

在日常生活上忠心

上帝所做的工都完美無缺，因為祂所做的每一部份不論有多微小，都是完美的。祂在創造一株小草上所費的心思，就像在創造整個世界那樣用心。如果我們想要完全、如同我們在天上的父完全一樣，就必須在小事上忠心。凡值得做的任何一件事，都要將它做好。不管做什麼，總要忠心完成。就是在最小的事上也要講實話。每天要有仁愛的行為、說樂觀的話語、將微笑散佈在人生的道路上。當你這樣做的時候，上帝就必予以悅納，到了那日基督必對你說：「好，你這又良善又忠心的僕人。」

在審判之日，那些在日常生活上凡事忠心、看見當做之工就立刻去行、不計較名利的人，必要聽見有話說：「你們這蒙我父賜福的，可來承受那創世以來，為你們所預備的國。」基督並不會憑人們動聽的說詞、卓越的智力、慷慨的捐助而讚許他們。人們得到賞賜是因為他們去做一般人所忽視的小事。祂說：「我餓了，你們就

給我吃。……這些事你們既作在我這弟兄中一個最小的身上，就是作在我身上了。」（1901 年 1 月 17 日《青年導報》）

肩負主光

青年男女，你們應當肩負上帝所發的亮光。你們若不聽從這些亮光與警告，在審判之日就要指控你們為有罪。上帝已坦白地列出你們的危險，並在各方面忠告、監護你們，用警告環繞你們。在上帝的殿中，上帝僕人所宣講的重大且發人省思的真理，已藉著聖靈的引導傳到你們耳中。這些嚴肅的呼召在你們心中占有多大的分量呢？對你們的品格有何影響？這一聲聲的呼召和警告都是你們要扛起來的，在審判之日，這些呼召與警告都要出場，向那些追求虛榮、輕浮及驕傲生活的人們指控有罪。

親愛的青年朋友們，你們種的是什麼，收的也是什麼。現今是你們撒種的時候。你們的一言一行，都是一粒種子，要結出或善或惡的果子，並使撒種的人將來得到或喜或憂的後果。人種的是什麼，將來要收的也是什麼。上帝已給你們大光及許多的權利。你們既得了亮光，既明白了自己當前的危險，此後的責任就在你們的身上了。你們對待上帝所賜之亮光的態度，要決定你們將來的禍福哀樂。你們現在正是鑄造自己命運的時刻。（《教會證言》卷三，第 363 頁）

真誠的意旨

當那四個希伯來青年在巴比倫為服務朝廷而受訓時，他們並不

將主的賜福取代他們所需付出的努力。他們殷勤學習，因為他們知道，他們可以靠著上帝的恩典來決定自己的意志和行為。他們須將全部才幹用在工作上，並將才幹充分發揮在學習和工作的機會。

與上帝合作

當這些青年致力於成就得救之工的同時，上帝也在他們心裡運行，使他們立志行事成就祂的美意。這就是成功的條件。我們要將上帝的恩典據為己有，就必須克盡本分。主原無意替我立志或行事。祂賜下恩典原是叫我們立志行事，而不是要取代我們的努力。我們的心靈要被喚醒與之合作。聖靈在我們裡面運行，使我們能做得救之工。這就是聖靈所要給予我們的實際教訓。「你們立志行事都是上帝在你們心裡運行，為要成就祂的美意。」

主必與一切認真努力要忠心為祂服務的人合作，正如祂與但以理和他的三個同伴合作一樣。優良的才智和高尚的品格，都不是偶然的成果。上帝賜與機會，而成功則有賴如何予以運用。必須敏於覺察天意所開的機會之門，並熱切地進入其中。只要傚效但以理、願意倚靠上帝蒙恩作得勝者，並且領受力量和效能去做他們的工，人人都能成為大人物。

全心全意的服務

青年們，我要對你們說：務要忠心。要用心做你們的工。不可傚法那懶惰的、不專心服務的人。行動多次重複就構成習慣，習

慣構成品格。要忍耐地履行人生細微的義務。只要你在小事上低估了忠誠的重要性，你在品格的塑造上必不能達到完美。在全能者看來，每一義務都是重要的。主曾說：「人在最小的事上忠心，在大事上也忠心。」在一個真基督徒的生活中，並沒有不重要的任務。

許多自稱是基督徒的人，行事正與上帝的旨意相悖。許多人都在等待上帝將一番大事業交付他們來做，卻錯過每日向上帝表現忠心的機會；他們無法全心全意的去履行生活的瑣事，因為這些對他們無趣又無意義。當他們在等待做那些大事，以便發揮他們的大才能、使人生得到滿足時，他們的一生就要因此虛度了。

我親愛的青年朋友們，要扛起手邊的工作，將你的注意力轉向能力所及的小事上，並全心全意去做。必使自己的思想明智地從事你們家裡所能作的一切事，如此，你就能使自己適於承擔更大的事業。要記得經上論及希西家王的話說：「凡他所行的，……都是盡心去行，無不亨通。」

專心的價值

專心做一件事乃是一種恩賜。敬畏上帝的青年，應該盡心盡責、深思熟慮、思想端正並竭盡所能。他們應該認清當前的職責，並在履行任務時專心一致。這種心理素養對終身有莫大助益。凡在一切事上學習運用思想、不看工作表面大小的人，在世上必大有貢獻。

親愛的青年，務要誠摯熱切、堅忍不拔。「要約束你們的心」，要像那忠心的希伯來青年但以理一樣，內心立志忠於上帝。不要叫你們的父母和朋友們失望。你們要顧念基督，不要使那位愛你、甚至為你捨命、使你能與上帝同工的主對你失望。

最高尚的動機

我們最大的動機應該是為了要將榮耀歸給上帝。這個動機應是鼓舞我們盡其所能、善用所得的特權與機會，使我們得以明瞭如何明智地運用主的財物。這動機應使我們保守自己的頭腦、骨骼、肌肉和神經在最健全的情況之下，發揮強健的體力與思想為主做忠心的管家。如給自私自利留下餘地，就必會使思想萎縮、心地剛硬；如果任其控制，它就會摧毀道德力，失望因而隨之而來。……

人們真正的成功乃是由那位賜福給但以理的上帝而來。那位洞察但以理內心的主，看到祂僕人動機的純正和尊榮主的決心而歡喜。那些在自己生活中成全上帝旨意的人，必須經過辛苦的努力、嚴謹而認真地完成祂所交付他們去做的工。（1903 年 8 月 20 日《青年導報》）

恆久的喜樂

通往永生的險峻道途上，一路都有喜樂的泉源，使疲憊之人得以振奮。行走智慧之途的人，即使身處患難也極其快樂，因為心中所愛的主必會無形地陪伴他們同行。他們每向上一步，就能更清楚

地辨明祂聖手的觸摸；每行走一步，從眼不能見之主那裡就有更輝煌的榮光照射他們的道路，使他們讚美的歌聲越發宏亮，上達天庭寶座前之天使的頌讚中。（《福山寶訓》第144、145頁）

意志的鍛鍊

　　純正的信仰與意志有關。在人的本性中，意志是支配本性的力量，使所有其他能力都在祂的控制之中。意志並非癖好或傾向，它乃是抉擇權，在人類的心中運行，使之順從或悖逆上帝。

因順從意志而得力

　　對意志的真實力量毫無所知，就等於暴露於危險之中。你可以讓人相信並做出允諾，但若不將意志置於信心與行為之上，人對你的誓言與信賴皆毫無價值。你若以全部的意志去打信心的仗，就必獲勝。但若是單靠你的感覺、意念、情緒去做事，都是靠不住的，因這些都不可信賴，尤其是人的偏見。人一旦發現自己無力履行誓言而食言時，他的自信心就會崩潰擊垮，也會削弱別人對他的信任。

　　然而你不必絕望。雖然你認為沒有一件事是真實可信的，但仍須決意信靠。既然你把自己帶到這難堪的地步，你就有責任挽回上帝和弟兄們的信任。你要將你的意志歸順於耶穌基督的旨意之下，如此，上帝必立刻為你作主，在你心中運行，使你立志行事成就祂的美意，而你整個性情也必服從基督之靈的管轄，甚至連你的思想

也要臣服於祂。

你雖不能如願地自由操控自己衝動的情緒，但你可以控制你的意志來改變你的人生。將你的意志歸順於基督，你的生命必與基督一同藏在上帝裡面，而得與那超越一切執政掌權者的權能相聯繫。你必從上帝那裡得著力量，使你能緊緊抓住祂的能力，這樣，新的亮光，一種活潑信心的亮光，即可握在手上。

神的旨意與人的意志合一

你必須記著，你的意志乃是你一切行動的根源。意志對塑造人的品格佔有非常重要的地位，但人在墮落的那一刻就交給撒但控制了，而從那時起，他便在人心中工作，叫人立志行事成就他的意思，卻使人陷入困苦最終淪亡。

但上帝賜下祂的愛子耶穌做為贖罪祭而犧牲生命，使祂能在政權的原則下坦然地說：「將你自己交托給我，將你的意志歸服於我；將你的意志從撒但的控制下奪回來，使它歸於我所有；這樣我便能在你裡面運行，使你立志行事成就我的美意。」上帝賜你基督的心，你的意志便成為祂的意志，而你的品格也變化成為與基督的品德相似了。你立志遵行上帝的旨意嗎？你願順從《聖經》嗎？「若有人要跟從我，就當捨己，背起他的十字架，來跟從我。」

上帝的引導

主有三種方法向我們顯明祂的旨意來引導我們：上帝藉著祂

117

的話，就是《聖經》，向我們顯示祂的旨意。上帝的聲音也顯示在祂的作為之中；只要我們不偏行己路遠離祂，我們就必認得祂的聲音。還有一個聆聽上帝聲音的方法，就是藉著聖靈的呼求在人心中做工、感召人心，人方能在品格上顯明出來。

如果你對任何事還存有疑惑，就必須先查考《聖經》。若你真正開始了信心的生活，那你就已經將自己獻給主，完全歸祂所有，祂也已接納你，要照祂的旨意陶冶你，使你成為尊貴的器皿。你應當熱切希望在祂手中成為柔順的，無論何往都隨從祂的引領。這樣你就能信靠祂以成全祂的計畫，同時也與祂合作，敬業地完成自己得救之工。（《教會證言》卷五，第 512 頁）

聖靈的潛移默化

基督徒的人生不是在你舊有的生活做翻修或改良，而是在本性做完全的改變。必須是將自我與罪同死，使新生活隨之而生。這種變化惟有藉著聖靈才能運行，才能成功。

尼哥底母不明白耶穌以風做為比喻來說明祂的意思。祂說：「風隨著意思吹，你聽見風的響聲，卻不曉得從那裡來，往那裡去；凡從聖靈生的，也是如此。」

風一吹就會使樹木搖動、枝葉沙沙作響，我們可以聽見卻不能看見形狀；無人知道它從哪裡來、要往哪裡去。聖靈在人的心中運行也是如此。人不能夠解釋聖靈的行動，就像風的流動無法解釋

一樣。人雖然不能說出他悔改的確切時間或地點、無法追溯悔改過程的一切情況，但是這並不能說明他沒有悔改。藉著像風這樣無形的力量，基督不斷的在人心中作工。領受者或許無法感覺到這一點一滴的改變，但這能力卻能使人漸漸的潛移默化、引他歸向基督。這樣的感化也許是透過默想耶穌，或查考《聖經》，或聽傳道人講道而產生，直到透過聖靈直接的呼喚，心靈便豁然歡樂的歸順耶穌了。許多人說這是突然的悔改，殊不知這是上帝的靈長久潛移默化的結果，這是一種長期忍耐的過程。

雖然風本身是看不見的，但卻能產生看得到、摸得著的效果。照樣，聖靈在人心中作工，人一旦感受其拯救的功能，就必在他的一切行為上表現出來。上帝的靈住在人的心裡，就能改變整個人的生活。罪惡的思想丟開了，不良的行為拋棄了；仁愛、謙讓及和平，代替了憤怒、嫉妒與紛爭；憂愁變成喜樂；面容也映照出天上的光輝。上帝卸人重擔的手和天上降下的光芒都是人無法看見的，但是當人因著信投靠上帝之時，恩惠、福氣，就臨到他了。

人類有限的智力，無從領會救贖的大工，因其奧祕超出人的智能以上；然而一個由死而生的人，卻能體會到這神聖的事實。我們對救贖之工的奧祕，只能透過個人經歷得知，其成果會存到永遠。

（《歷代願望》第 166、167 頁）

神聖幫助的憑據

你若感到心靈中有所缺乏，你若飢渴慕義，這就證明基督已經

在你的心裡動工，為要使你尋求祂，藉著所賜聖靈，替你成就你自己所無法作成的事。（《福山寶訓》第26頁）

住在內心的基督

如果我們的愛心有根有基，我們就能「和眾聖徒一同明白基督的愛，是何等長闊高深，並知道這愛是過於人所能測度的。」這是何等寶貴的指望和勉勵啊！人心中一切道德的污穢既已清除，便有可愛的救主居住其間，使整個性格高尚而聖潔，並使這人成為聖靈的殿。

祂對我們信心的回應

我們是靠著活潑的信心常住在基督裡面。祂通過我們個人所擁有的信而住在我們心中。當我們體會神與我們同在時，我們的心思便會被帶回耶穌基督了。我們屬靈的躍動與我們對上帝同在的生動感受一致。以諾曾經如此與上帝同行；我們若思考基督對於我們的意義，以及祂在救贖計畫中為我們所成就的一切時，基督就必因信而住在我們心中了。我們應該最樂於培養上帝賜下大恩給世人和個人的感悟。這樣的思想對全人的品格具有一種控制之能。

愛的陶冶

當人的思想集中於基督時，人們的品格就被塑造成與神聖的形象相似，所有的心思意念都被祂的良善與愛所充滿。我們思考祂的品德，祂就會居住在我們一切思想之中。若我們凝視一下太陽，然

後轉而看別的地方，看到的每一樣事物就都會產生太陽的影像。

我們仰望耶穌，也是如此；凡我們所看的一切都必反映祂那公義日頭的。我們已無法去看、去談論別的事物，因為祂的形象已經印在心眼之中，影響我們日常生活的各方面，使整個性格變為溫柔而馴良的。藉著仰望主，就能得以與祂的神性相似、甚至在神聖的形象也變得相似。如此，我們便向週遭的人反映祂公義和喜樂的光輝。我們的品格得到了改變，心靈和意念都因反映那愛我們、為我們捨己的主所照耀。為此，我們又能夠親身感受因信住在我們心中而有的真實影響力。

當我們的內心接受了祂的訓誨，並充滿我們，耶穌就常與我們同在，掌管我們的思想、意念和行動，受這位世上的大教師所教導。我們對人生和日常義務的觀點，就會具有一種對人類的責任感及感化力的特質。

耶穌基督是我們的一切，祂是初、是終、是至善。耶穌基督祂的聖靈和聖德，賦予了一種色彩，交織在我們整個人生的經緯之中。基督的話乃是靈、是生命，所以我們的思想不可集中於自己，因為活著的不再是我們，乃是基督在我們裡面活著，祂是那大有榮耀的盼望。（《給傳道人的證言》第 387-390 頁）

重價的珠子

我們當將自己獻給基督，終身樂意順從祂的一切要求。我們整

個人、所有的才智與能力都是主的，應當獻上為祂服務。當我們如此將自己全然獻與基督時，祂便要將祂自己，連同天上的一切財寶賜給我們。這樣我們便獲得那重價的珠子了。（《天路》第88頁）

捨己

耶穌虛己，在祂所行的一切事上，毫不炫耀自我。祂使萬事都依附於祂天父的旨意之下。因此當祂在世的使命即將結束之時，祂能說：「我在地上已經榮耀你；你所託付我的事，我已成全了。」祂也囑咐我們說：「我心裡柔和謙卑；你們當……學我的樣式。」「若有人要跟從我，就當捨己」；讓自我被廢黜，不再容它牽制心靈。

凡看見基督克己謙卑的人，就必像但以理當時見到像人子的那一位、不自覺失聲說：「我……面貌失色，毫無氣力。」……時常奮力炫耀，爭競誇勝，乃是人類的本性；但是凡向基督學習的人，卻已除去自我、驕傲和好勝之念，心靈便寧靜了，於是自我就歸服聖靈的管理。我們再也不企求最高的位分，也不再存留出人頭地的野心以博眾望；反而認清自己所能享有的最高地位，就是在我們救主的腳前了。於是我們就仰望耶穌，靜待祂聖手引領，聽候祂慈聲的指導。使徒保羅曾享有這樣的經驗，因而他如此說：「我已經與基督同釘十字架；現在活著的，不再是我，乃是基督在我裡面活著；並且我如今在肉身活著，是因信上帝的兒子而活，祂是愛我，為我捨己。」（《福山寶訓》第21、22頁）

上帝所悅納的品格

青年人需要謹慎而虔誠的受教，使他們能在穩固磐石上建立自己的品格。許多人之所以犯嚴重錯誤，乃是由於他們不注意經驗的教訓。父母和教師的勸導在他們身上沒有作用，他們便屈從仇敵的試探。上帝疼愛青年人。只要他們體會到自己需要基督，並在穩固的基礎上進行建造，祂就會在他們身上看到極大的、向善的可能性。祂也知道他們所受的試煉。祂知道他們必須與那想要控制人思想的黑暗勢力作戰；所以祂已經打開了門路，使青年男女能與上帝的性情有分。

需要恆切的努力

品格不是偶然形成的。它並非取決於一次突發的性情，或是偶然走錯的一步。反覆的行為能形成習慣，以致塑造出或善或惡的品格。惟有靠著恆切不倦的努力、透過提高每個所托付的才幹去榮耀上帝，便能塑造高尚的品格。但許多人不但不如此行，反讓自己隨情感或環境驅使。這不是因為他們缺少良好的資質，而是因為他們沒有認識到上帝要他們在青年時期盡其所能做到最佳的地步。

如果今日的青年能像但以理一樣站穩立場，他們就必須竭盡他們全副屬靈的精力。主並不希望他們一直都像初學者一樣，而是希望他們能攀登優秀的最高峰。祂願意他們達到階梯的最高層，以便邁步跨入上帝的國。

友伴的影響

那些離開家庭而不受父母照顧的青年，大多需要自行選擇友伴。他們應當記得，天父的眼睛時常垂注他們，因此祂看到他們一切的需要和所有的試探。學校中經常有一些青年在行為上顯出思想卑劣的模樣。他們由於幼年時期受到了不當的教養，以致養成了畸形的品格，及至長大成人，這些缺點就存留並且損害著他們的經驗。由於這些人的言行，就使許多道德力薄弱的人誤入歧途。

親愛的青年啊，時間就是金錢。你們切不可撒播稗子而危及自己的心靈。你們不可在選擇同伴的事上粗心大意，而要注意他人品格中的優點，這些優點就必成為一種道德力，幫助你拒惡擇善。要提高你們的目標。你們那敬畏上帝的父母和教師們，雖然日夜為你們禱告、勸勉並警告你們，但你們若選擇輕率之人為友，這一切就必歸於徒然了。如果你們看不出真正的危險，以為自己能隨意為善為惡，那麼你們就絕不至察覺罪惡的酵，已在暗中逐漸侵蝕並敗壞你的心靈了。

基督是我們唯一的希望

基督曾遭受折磨、侮辱和虐待；祂無論在何處，都受過試探的攻擊，但祂並沒有犯罪，卻獻上了使上帝完全滿意的順服。祂藉此永遠消除了一切不順服的藉口。祂來向人顯示如何順從，如何遵守全部誡命。祂握住了神的能力，這是罪人唯一的希望。祂曾捨棄自己的生命，使世人既脫離世上從情慾來的敗壞，就得以與上帝的性

情有分。……

上帝已將各種才能賜給青年，要他們用來榮耀祂；可惜許多人妄用這些恩賜去追求不聖潔、不正當的目的。許多人具有才能，如果加以培養，必能使心智、道德和身體方面的造詣有豐富的收穫，但他們卻不加以思考，也不計算自己行為的代價。他們狂妄無知、不聽勸誡、不受責備。這是一種可怕的錯誤。如果青年人體認到上帝的眼目在察看著他們，祂的使者也在注意他們品格的發展，衡量道德的價值，他們的頭腦就必清楚了！（1899 年 7 月 27 日《青年導報》）

基督常與我們同在

基督的宗教不僅是有關赦罪的問題，還包括除盡我們的罪，並用聖靈的恩惠來填滿罪所遺留的空位。它也包括上帝的光照，和在祂裡面的喜樂。它又包括一顆虛己的心，並因基督住在其內而蒙福。一旦有基督在心中作王，那裡就必顯出純潔無罪的現象。這樣的人生定能實現福音計畫的榮耀、豐盛與完美。接受救主能為人帶來完全的平安、仁愛和保證。基督品德的優美和芬芳既顯明在生活中，就能證明上帝確已差遣祂的兒子到世上來作人類的救主了。

對於那些忠心跟從祂的人，基督是他們每天的伴侶和知己良友。他們在生活上與上帝有密切的接觸、不斷的交流。耶和華的榮耀已經臨到他們。那顯在耶穌基督臉上的上帝榮耀之光，從他們身上反映出來。現在他們要在大君王威嚴的輝煌榮耀中歡喜。他們已

經準備妥當享受天庭的交誼，因為天國已在他們的心裡了。（《天路》

第 374、375 頁）

聖經教導
年輕人的
（告青年書簡精選版）
15
堂課

SHARE

HOW TO SAY "NO"

第五篇

為終身服事預備

WORK HARDER!

堅持愛主

Jesus is Love

真教育不僅是修讀一門規定的科目，它包括一切體力和智力的均衡發展。真教育教導人敬愛上帝，並為忠誠履行人生職責準備（《教育勉言》第64頁）。真教育乃為準備體力、智力與道德力以履行人生各種職責；即訓練身、心、靈以從事神聖的服務。這乃是一種足以延續到永生的教育。（《天路》第285頁）

基督化的教育

人的心意可以受到最高的培養。獻給上帝的人生不應該是一種愚矇無知的人生。耶穌揀選了沒有學問的漁夫來傳揚祂的福音，許多人竟因而反對教育。他們斷言祂偏愛那些沒有學問的人，殊不知也有很多博學位高的人相信祂的教訓。這些人若能無畏地聽從自己良心所確信的，他們就必跟從祂。他們若獻上自己的才幹，就必得蒙悅納，並用在基督的聖工上。可惜他們的道德良知不夠堅定，不願意在憤恨的祭司和嫉妒的官長面前承認基督，不願為這卑微的加利利人耶穌影響了自己的聲譽。

那位洞察人心的主深深了解這一點。受過教育和尊貴之人既不屑做他們所能勝任的事，基督便揀選那些願意順從並忠誠遵行祂旨意的人。祂揀選卑微的人，讓他們常和自己在一起，以便能訓練他們，使他們能在耶穌離世升天之後可以繼承這艱巨的工作。

偉大的教育家基督

基督乃是世界的光。祂原是一切知識的根源。祂能使沒有學問的漁夫具有資格承受祂所交付他們的崇高使命。這些卑微之人所得到的真理意義重大。他們要藉這真理震撼世界。耶穌與這些卑微之人的聯合看似單純，但其結果卻有著重大的影響力。他們的言論與事工將徹底改變整個世界。

耶穌並未輕視教育。人在心智上的最高培育，若能用敬愛上帝之心而成聖，就必蒙祂完全的悅納。基督揀選了這群卑微的人使他們相處三年，他們便受到了天上至尊者的高雅感化。基督是世界上最偉大的教育家。

只要青年人願意獻身與上帝，祂就必悅納他們及其才能和豐富的感情。他們可以達到智慧的最高境界，若再配合宗教原理，他們就能繼承基督降世所要完成的工作，從而與主同工了。

在本會大學受教育的學生享有寶貴的特權，他們不但能獲得科學的知識，還能學習如何培養並實踐美德，以建造均衡的品格。他們是對上帝負有責任的道德代表人。上帝將錢財、地位和智慧的才能都賜予人，使他們能聰明地利用並得以增長。祂已將不同的恩賜按照祂僕人的能力和程度做了適當的分配，給各人安排其所應做的工作。（1877 年 6 月 21 日《評論與通訊》）

真教育

真教育乃是一些概念的教導，這些概念必將創造主上帝和救贖主耶穌基督的知識，深植人心。這樣的教育必更新人的思想、改善品格。它必鞏固我們的思想、抗拒那心靈之敵蠱惑人的耳語，使我們能領會上帝的聲音。它必使受教者有資格與基督同工。

我們的青年若得著這種知識，他們就必獲得其他一切必需的知識；否則，他們雖然獲得世上所能獲得的一切知識，也不能使他們歸到耶和華的隊伍中。他們雖可蒐集一切書本上所能提供的知識，但對於那些能使他們得蒙上帝悅納的公義基本原則卻毫無所知。

那些在世俗學校中尋求知識的人務要記得，另有一所學校也在爭取他們為學生，那就是基督的學校。這所學校的學生永無畢業之日，而且有老有少。凡聽從那位神聖教師指導的人，能不斷獲得更多智慧和更高尚的品質，預備他們得以進入那更高級的學府，在永恆歲月中繼續不斷地進步。

無限智慧者將人生的偉大課題——義務與幸福——擺在我們面前。這些功課常是不易學習的，但若學不會，就不會有真正的進步。學習這些課題可能要付上努力、眼淚，甚至痛苦為代價，但我們絕不可躊躇或感覺厭倦。我們要在這世界上的種種考驗與試探之中，獲取足以能與聖潔天使相處的資格。凡專心致志於次要課題、以致停止在基督門下學習的人，他在無形中已遭受莫大的損失。

創造主所賦予人類的每一能力與屬性，都為榮耀祂而用，以這種方式使用這些能力必能發揮到最純正、最高尚和最愉快的境界。天國的原則應置於人生至高標準，而人在獲取知識或培養智力的學習上所得的每一進步，都應幫助人性更接近神性一步。（《基督教育原理》第 543、544 頁）

基本的教育

現今的青年最需要學習的基本教育，就是教導他們如何向世界顯出上帝的旨意，以獲得適於天上最高學府的資格（1907 年 10 月 24 日《評論與通訊》）。凡獻身學習上帝的道路和旨意的人，就是在學習人類所能接受的最高教育。他們學得的知識與體驗不是建立在世人的詭辯之上，而是建立在永生的原則上。（《教育勉言》第 36 頁）

基督化教育的需要

上帝要人在智力上受好的訓練，使祂的僕人能比一般屬世的人具有更多的才智和更清晰的洞察力。祂並不喜悅那些粗心懶惰、沒有效率、見識淺薄的工人。主吩咐我們要盡心、盡性、盡意、盡力的愛祂，這說明我們負有責任要將我們的智力發展到完美的地步，使我們能盡意認識並敬愛我們的創造主。

人的智力若置於聖靈的管制之下，人的智慧就能培養的更徹底，使之越能為上帝做更有效的服務。那沒有受過教育的人如獻身給上帝並切望為他人謀福，他就有可能被上帝使用、為祂服事。然

而那些受過高深教育且同樣有獻身精神的人，可以為基督做更廣大的工作。他們原本就是具有優勢的。

完善的教育

凡需要教育的青年，應當立下決心去求得教育。不要被動的等待機會，而是要主動地為自己製造機會，把握當前的每一小小門徑。要知道如何實行節約，不要為滿足食慾或追求享受而浪費你的金錢。當遵照上帝的呼召決心成為有用且有效率的人，做任何事都盡心盡責，盡一切所能爭取每一足以增強智力的機會。要手腦並用來學習書本的課業，並藉著忠實的努力、儆醒、祈禱，求得那從上面來的智慧，以獲得一種完善的教育。如此，你的品格就可以提高，具有神聖的感化力來影響別人，使你能引導他們走上正直和聖潔的道路。

我們若能看出自己的機會和特權，就能在自我教育的工作上獲得更大的成就。真正的教育並不設限於各大專院校。雖然科學上的學習很重要，但我們能藉著與上帝有活潑的聯結而取得另一種更高層的學習。要讓每個學生手持《聖經》，並自發性的與那位大教師交流。要培養並訓練學生的心智，使之在探尋神聖的真理時，能努力解決難題。

知識與自律

那些為要造福人群而渴慕知識的人，也必使自己得到福惠。透

過學習上帝的話語，他們心智的能力必受到鼓勵而活躍起來，他們的才能必增強擴大，心思意念必獲得更大的能力與效能。每個立志要作上帝工人的人必須實行律己的訓練，這比雄辯的口才或卓越的天賦更能得到高尚的成就。（《天路》第288-290頁）

不負父母期望

循正道而行往往是最好、也是最安全的方式，因為這符合真道。你現在是否願意做正向思考？正確的思考是做出正確行為的基礎。要決心使自己不負父母期望、努力出人頭地，使那些花費在你身上的金錢不致枉費。要決心配合父母和教師們的努力，達到知識與品格的崇高標準。要決心不使那些愛護你並信任你的人失望。行事正當令人欽佩，只要你追求正當的事而行，耶穌一定會幫助你做對的事。（《基督教育原理》第248頁）

為永恆受教育

約翰寫道：「少年人哪，我曾寫信給你們，因為你們剛強，上帝的道常存在你們心裡，你們也勝了那惡者。」保羅也吩咐提多勸勉少年人「要謹守」。要效法但以理那樣提高你的靈性，做萬軍之耶和華忠誠堅定的僕人。要好好思考你腳前的道路，因為你所站之地是聖地，有上帝的天使環繞著你。

自覺需要攀登教育階梯的最高層是對的想法。哲學和歷史固然是重要的研究科目，但你若不運用自己的造詣尊榮上帝和為人類謀

福，那麼你所犧牲的光陰和金錢將全歸徒然。科學的知識若不作為達成最高宗旨的踏腳石，便毫無價值。

教育若無法得到永恆的知識，便是徒然無益。你若不將天國和將來永恆的生命擺在面前，你所持有的成就便毫無永久的價值。你若使耶穌成為你的教師，讓祂每日每時教導你，那麼祂必會在你尋求學識路上，以笑容注視著你。（《基督教育原理》第 191、192 頁）

實際的訓練

有用的體力勞動乃是福音計畫的一部分。那隱身在雲柱中的大教師曾教導以色列人，每個青年都要學習一種實用的技藝。因此猶太人有一種習俗，無論貧富，都要教導自己兒女有一技之長，以便在逆境之中，不須依賴他人也能自給自足。他們固然要在讀寫方面受教育，但他們也必須受某種技藝的訓練。他們當以此為教育中不可或缺的一部分。

均衡的教育

今日正像以色列的日子一樣，每一個青年都應當在實際生活的職責上受教育。人人都應學會某一種手藝，以便在必要時藉以謀生。這乃是必要的，不單作為防範生活變遷的保障，也為顧全有關身體、心智、以及道德方面的發展。既使一個人肯定自己不需要依賴體力勞動維生，他仍應學習勞動。一個人缺少了體力的運動，就不能有良好的體格和強健的身體；規劃良好的勞動訓練，是培育堅

強而活躍的心智和高貴的品格不能缺少的條件。

學生們若僅僅獲得書本上的知識，而沒有實際工作的知識，就不能算是受了均衡的教育。那些本應用在各種工作的精力竟被忽略了！教育不僅限於使用腦力，體力的勞動也是每一青年必不可少的一部分訓練。如果一個學生沒有學會如何從事有用的勞動，那麼他就缺少了一種極為重要的教育。

全人的身心健康操練能使人接受廣大淵博的教育。每一個學生應將每天的一部分時間專用在積極的勞作上。這樣他就能養成勤儉的習慣，並助長自強自立的精神，同時幫助青年人遠離閒懶所養成邪惡敗壞的習慣。這一切均與教育的基本目的相符合；因為鼓勵勞動、勤儉和純潔，我們就得與創造主相和諧了。

實用工作的益處

使人獲得最大益處的活動並不是從遊戲或單純的運動得來。戶外運動與操練肌肉固然有益，但若將這同樣的精力實施在有用的工作上，收益就更大。這種活動必能使人得到滿足，因為這樣的活動使人感覺自己有用，也因自己的克盡義務使心裡感到安慰。

從本會學校栽培出來的學生要具備培訓後應有的能力，如此，他們才能有資本運用他們的知識，這是成功的人生必須具備的。要勤奮學習、也要殷勤工作，但遊玩的時間要限制。將體力用在娛樂的事上對培養均衡的智力並不適宜。若把過度花在遊玩的時間導正

至運用在基督的事工上，上帝的福惠就必降在這工人身上。

合併體力與腦力所得的實際生活訓練，乃是遵行上帝原本對人身心相契的設計，遵守這原則之人必嚐甜美的果實。青年越充分明白如何執行實際生活義務，他們就越能從每天為別人服務的經驗中感到快樂。學會享受有益之勞動的人包容性越大，透過培訓與鍛鍊，他就更加有能力運用所獲得的基本知識為他人謀福。

學習烹飪

青年男女都應學習如何做簡單且無肉的料理。不可教導制作含肉類的菜餚，因為這是把他們帶入埃及的黑暗與無知，而非追求健康改革的純潔生活。

婦女們更應該學習烹飪方法。在女子教育中，還有什麼這比更為重要的呢？不論她處在什麼環境，學習烹飪對她而言乃是一門很實用的知識。

在宣教之處

我們的青年若在實際生活的各方面皆有素養，那麼他們離開學校到各國各地時就必大有作為。他們不需要依靠當地的人為他們烹飪、縫紉，或為他們建造房屋。他們若能教育無知的人如何用最良好的方法作工，並產生最良好的效果，他們就必發揮更大的感化力。這樣的國外佈道士只需要較少的款項便可維持，因為他們把所學會技能運用在實際的工作上，並善用自己的體力。在一些不易籌

得款項的地區，這是很受重視的。他們要讓人看見，國外佈道士也能教人勞動工作。所以他們無論何往，他們在這方面的一切成就，都足以增進他們的地位。（《教育勉言》第307-314頁）

忠實的學生

凡是自稱敬愛上帝並順服真理的學生，都應具有一定的自制力和持守宗教原則的毅力，使他們能在試探之下屹立不動，並在學院中、宿舍裡，以及在任何地方都代表耶穌。宗教絕不是上帝聖所穿戴的一件外衣；宗教的原則應作為整個生活的特色。

品格與操行

那些在生命泉源飲水之人，不會像屬世的人一樣見異思遷、愛好宴樂。他們的操行與品格都顯示他們已在耶穌裡得到安息、平安與快樂，因他們每日都將自己的困難和重擔卸在祂腳前。他們能證明，在順從和履行義務的道路上，必能獲得知足和喜樂。這樣的人必在同儕當中發揮一種感化力，以致影響到整個學校。

一個誠懇、正直、而忠實的青年，在學校中乃是無價之寶。天使以慈愛垂顧他，將他每件義行、每次抗拒試探、每次戰勝罪惡，都已記錄在天國的記錄冊裡。他正在為將來立下美好的根基，為要持定那永遠的生命。

學校訓育的價值

這世代有許多青年人都行事粗野、性格放肆，非常令人痛心。如果青年人能認明，遵循教育機構的規定與章程，無非是要改善他們的社會地位、提高他們的品格，使他們的心志高尚，並增進他們的幸福，那麼他們就不會反抗學校裡合理的規章和正當的要求、也不會參與那對這些機構抱持懷疑與偏見的活動了。

我們的青年應盡其全力與忠誠行出對他們的要求。這是成功的保證。那些在日常生活的義務上沒有做到的青年，他們也必照樣不會預備好自己去擔負更高的職責。惟有經過奮鬥、失望，經過嚴格的自我鍛鍊，經過誠懇的祈禱，才能獲得宗教的經驗。那往天國的路乃是逐步攀登的；他們每跨一步，就有力量邁向第二步。（《教育勉言》第 98-100 頁）

學生的機會

學生們，你們務要與老師們合作，你們的合作可以帶給老師們希望和勇氣。你幫助了他們等於幫自己向前邁進。當記得，你們的老師能否處於優越的地位、他們的工作能否受人肯定，絕大部分都取決於你們手中。就最高的意義而言，你們應作勤學之人，看出上帝是老師們的後盾，而教師是與祂合作的。

你們工作的機會轉瞬即逝，根本沒時間讓你浪費自娛。你們惟有努力追求成功，才能得享真正的幸福。你在校之日的機會是極其

寶貴的。要使你的學生生活盡可能達到完全。你們只有一次機會能有如此的經驗，你們工作的成敗得失全在於你們自己。當你們成功獲得了《聖經》的知識，就是在積蓄財富分享給別人了。

幫助別人

如果在你們之中有一個學習落後的同學，要向他解釋他所不明白的功課。這有助於你自己的理解力。要用簡易的詞句、用清晰和容易明瞭的話語表達你的觀點。

你幫助了同學就等於幫助你們的老師，而且思想較為遲鈍的學生，往往會從同學的教導下更能領受新知識，比從老師那裡學習得更快。這就是基督所讚許的合作方式。這位大教師就站在你們的身邊，幫助你去輔助落後的同學。

你們在學校生活中，可能有機會將《聖經》上奇妙的真理傳給可憐無知的人們。要善用每一個這樣的機會。主必賜福給你們在這方面所用的每一分光陰。（《教會證言》卷七，第275、276頁）

要徹底熟悉基本的學識

不要滿足於低下的標準。在你求學的時候，要為自己立定一個高尚而聖潔的目標。你去求學，要存心為預備自己，才能在主的葡萄園某處服事。要盡你一切所能的達到這目的。你為自己所能成就的，遠比他人為你所能成就的更多。而你若能為自己盡到一切的力量，那麼你就是在為校長和教師們減輕許多負擔！

為服務而受訓練

上帝賜下了許多亮光，但令人驚訝的是竟沒有許多青年男女向主呼求「主啊！你要我做什麼？」許多人認為，只有那些獻身為主做傳道人的才需要努力為主工作，平信徒則不需要這麼做，這是一個嚴重的錯誤。不論你是蒙召從事哪一項聖工，你都必須藉著殷勤學習增進自己的才能。

將才能獻與上帝

青年男女應就讀於本會的學校，他們可以在那裡學習知識並接受鍛鍊。他們應將自己的才能獻給上帝，殷勤研究《聖經》，藉以預防謬道，而不致於被異端所引誘；因為藉著殷勤查考《聖經》，我們才能得知何為真理。藉著實踐我們已知的真理，就必有更多的亮光從《聖經》中照射到我們的身上。

凡真正獻身給上帝的人，不會僅僅出於謀生的目的而去做那些引他們更極積投入屬世之事的工作，而是去做那些不會讓這世俗之事左右他思想的工作，他們明瞭上帝工作的神聖性。

為未來的不測而預備

世界要受到警告，任何人對於真理都不應滿足於膚淺的認識。你不知道自己將蒙召擔負什麼責任、不知道要被召往什麼地方去為真理作見證。那些僅對真理一知半解的人，是無法清楚地講解《聖經》，也不能為自己的信仰提出確切的證據。他們必感到驚惶失措、

感到羞愧。不可認為你不需要講道所以就不學習真理，你無法預測上帝對你的計畫。

　　若上帝的聖工因在位者缺乏應有的知識與能力而受到阻礙，是一件非常可悲的事，這真是令人惋惜的事實。主樂意接受千萬人來到祂廣大的莊稼地工作，可惜許多人未曾為這項工作預備。但是支持基督事工，並願投效主軍隊的人，都應置身於自己可以受到忠實操練的地方。一般自稱跟從基督的人，實在太輕忽自己的宗教信仰了，因為上帝的旨意並不是要人有機會獲得智慧與知識時，仍不積極學習而停滯於無知的狀態中。（《基督教育原理》第 216、217 頁）

藉正確的原則而保持均衡

　　聰明絕頂之人不一定都是成功的人。許多有才學的人，都曾在他們的職位上受到挫敗。他們看起來閃閃發光、好像精金一樣，但經過考驗之後，卻證明只不過是華而不實的金箔和渣滓。他們的不忠使他們失敗。他們既不殷勤、也沒有恆心、做事又不徹底。他們不肯從階梯的最底層開始起步，也不願耐心地逐步攀登而達到頂端。他們只想在自己所點燃的火花（閃現的思想）中行走，不願依靠那惟有上帝才能賜與的智慧。他們的失敗並不是因為沒有得著機會，而是因為他們的頭腦不夠冷靜。他們沒有感覺到教育的優勢對於他們的價值，因此在宗教和學問方面都沒有獲得所應有的長進。他們的思想與品格並沒有因高尚的正義原則而保持均衡。（《基督教育原理》第 193 頁）

力求進步

如果每個人都意識到他要為他個人的影響力而向上帝負責，他就絕不會做一個閒懶的人，而是會去培養自己的才智，訓練每一項能力，使自己能適於事奉那位用祂自己寶血救贖他的主。

尤其是青年人更應自覺要有訓練心智的必要，善用各種機會成為睿智的人，使自己能為那替他們捨棄寶貴生命的主、做祂所悅納的服務。任何人都不可犯下錯誤，自以為已經受了高深教育，就不再需要研究書本或自然。人人都要善用上帝出於美意而賜下的機會，儘量在啟示或科學方面吸收知識。

我們應當學習用正確的方式去衡量上帝所賜我們的能力。如果一個青年必須從梯子的最底層往上攀登，他就不應灰心喪志，而要決心一步一步向上爬，直到他聽見基督的聲音說：「孩子啊，再往上爬。好，你這又良善又忠心的僕人；你在不多的事上有忠心，我要把許多事派你管理，可以進來享受你主人的快樂。」（《基督教育原理》第 213 頁）

真智慧

青年可以得到屬世最高的教育，但依然對於作天國子民的初步原則一無所知。人間的學問不能使人獲得進天國的資格。一切形式與禮儀，或長期研究，都不足以造就基督國度的子民，惟有「認識你獨一的真神，並且認識你所差來的耶穌基督，這就是永生。」

科學與聖經

要每日研讀新舊約《聖經》。上帝的知識和智慧,要賜給那些凡恆切學習祂的道路和作為的學生。《聖經》要作我們的光,我們的教育者。當青年要去學習相信那一位使雨露和陽光自天而降、使草木繁茂生長的上帝時,當他們要去體會一切的福惠都從祂而來、要將感謝與讚美歸與祂時,他們就必在自己的一切行為上認定祂,每日忠心履行自己的義務,並在他們一切的思想上都以上帝為念。

許多青年在談論科學時,會傾盡他們一切的智慧和才智而顯得超然。他們想要用自己有限的理解力解釋上帝的道路和作為;但結果卻慘遭失敗。真實的科學與神聖的啟示是完全相合為輔的。虛偽的科學摒除上帝,那是傲慢自負的無知。

在追求知識、探索科學的事上最邪惡的一件事就是,那些研究人員往往不會透過宗教純白和純粹的神聖性質來解讀科學。具有屬世聰明的人,竟試圖根據科學原理,解釋聖靈在人心中所生的影響。人在這一方面的微小進步,導致了人的思想陷入懷疑的紛亂之中。《聖經》的宗教屬敬虔的奧祕,是人的思想所無法充分領會、未悔改之人的心思所不能理解的。

上帝的教導

獻身為主服務的青年沒有一個是庸懦無能之輩。對許多人而言,教育是指書本的知識,但「敬畏耶和華乃是智慧的開端」。在

上帝看來，一個愛祂又敬畏祂的小孩，比一個天資聰慧、學問淵博、卻忽略自己得救之事的人更為偉大。凡奉獻身心給上帝的青年，是把自己與一切智慧與卓越之泉源聯繫在一起了。

青年如果能像但以理一樣，向上天的教師學習，他們必親身體驗到敬畏耶和華是智慧的開端。他們既然決心如此奠下穩固的根基，便能像但以理一樣，充分善用每一項特權與機會，使才智達到最高造詣。他們既獻身於上帝，並享受祂恩典的護庇和祂聖靈更新的感化，就會比那些單單屬世俗之人所表現的智力更為深遠。

以世人解釋科學的知識來研究科學，所得到的是一種虛偽的教育。學習認識上帝，和祂所差來的耶穌基督，那就是學習《聖經》的科學。清心的人在一切天命中，在真教育的各方面，都看出上帝來。他們能辨識那來自上帝寶座所照射第一線亮光。自天而來的信息要傳給那些抓住這一絲亮光的人。

本會學校的學生應該要把認識上帝置於至上。惟有藉著查考《聖經》，才能獲得這種知識。因為「十字架的道理，在那滅亡的人為愚拙；在我們得救的人卻為上帝的大能。就如經上所記，我要滅絕智慧人的智識，廢棄聰明人的聰明。……上帝的愚拙總比人智慧；上帝的軟弱總比人強壯。……但你們得在基督耶穌裡，是本乎上帝，上帝又使祂成為我們的智慧、公義、聖潔、救贖；如經上所記：誇口的當指著主誇口。」（1903 年 11 月 24 日《青年導報》）

樹立崇高的標準

上帝希望我們利用每一個機會來為祂的聖工作準備。祂期望我們把所有精力都投入在祂的工作上，並要我們的心保持活力，使我們的心對祂的事工保持聖潔與敬畏的責任感。

許多有資格做一番卓越之工的人，卻因不拓展事工少得成就。成千上萬的人虛度一生，他們生存似乎並無多大的目的，也沒有什麼要達到的崇高標準。原因之一就是他們自估過低。基督已為我們付出了無限的代價，祂要我們根據這個代價對自己重作估計。

切莫以達到低下的標準為滿足。我們並沒有達到所能及的程度，也沒有達到按上帝的旨意要我們所及的地步。上帝賜給我們理解力，不是要我們懈怠、偏離世俗和追求卑賤之事，而是要盡力發揮極致、精煉、成為聖潔高尚的，用以促進有關於祂國度的事。

保持個性

沒有人想要成為聽話的機器人、受別人支配。上帝已經賜給我們思想和行動的能力，因此你惟有謹慎而行，仰望上帝賜予智慧，就必有能力背負重擔。要固守上帝所賜予的性格，不可作別人的影子。要求上帝透過你、使用你、藉著你來做工。不要認為學得夠多了而鬆懈。素養決定人的品性。你應該終身不斷的受教育，天天學習，並將你所學得的知識付諸實用。要記得無論你擔任什麼職務，都在展現你的動機、發展品格。所以不論你做什麼工作，都要認真

並勤懇去做，克服貪求輕省之工的傾向。

全心全意服務

一個人在每天工作中所表現的精神與原則，也必實現在他的全部人生中。那些只想要有固定的工作量、拿固定薪水、不須修改與訓練就能適於工作之責的人，絕非上帝所呼召來參與祂聖工的人；那些斤斤計較、費心減少自己運用體力、腦力和道德力的人，也絕不是祂所能賜以豐盛福惠的工作人員。他們的榜樣具有感染性。利己主義成為他們的動機。那些需要被監督的人、只想按規定的職責工作的人，絕不是將來被稱讚為又良善又忠心的人。所需要的，乃是表現積極、有正直和勤懇的精神，並且樂意從事任何需要完成工作的工人。

許多人因害怕失敗逃避責任，所以成為沒有什麼效益之人。他們這樣做就無法從經驗可得的教育受到訓練與培養。這種教育絕非讀書、研究和其他教育方式所能給予的。

人可以支配環境，但絕不應聽任環境來支配人。我們應利用環境作為工作的工具。我們要控制它，而非讓它控制我們。

具有能力的人常常遭受反對、阻撓和挫折，但他們卻能將能量化為行動，使這些障礙變成正面的福惠，讓他們變得更有能力。掙扎與困惑是操練我們依靠上帝的時候，我們要從這種鍛鍊中培養堅定的能力。（《服務真詮》第 498-500 頁）

善用人生

　　若良好的教育是由一位獻身的專業人才所用，確實能發揮最大的益處，但那些沒有機會得到高深學識造就的人，萬不可自認自己不能在智慧和靈性生活方面有所長進。如果他們善用已有的知識、日日求進，並認真培育基督化的品格藉以克服一切倔強的習性，上帝就必為他們打開智慧的通路，使人們在談論他們時，就像論到古時希伯來的青年一樣說：上帝賜給他們聰明知識。（《基督教育原理》第192、193頁）

聖經教導
年輕人的
（青青年書精讀版）
15
堂課

SHARE

HOW TO
SAY
"NO"

第六篇

服務

WORK
HARDER!

堅持
主
愛

Jesus
is
Love

我們有了一支像軍隊般訓練有素的青年作為工人，就能很快把那位被釘死又復活、將要復臨之救主的信息，迅速地傳遍全世界。萬事的結局近了，一切痛苦、憂傷、罪孽就快要結束！在罪惡和痛苦的摧殘下，我們的兒女將在不久的將來承受他們的基業為賞賜，在那裡「義人必承受地土，永居其上」，「城內居民必不說，我病了」，「其中必不再聽見哭泣的聲音，」都將代替今世這被罪孽和痛苦所摧毀的基業。（《教育勉言》第555頁）

呼召青年做工

許多基督徒青年如果願意在基督的門下領受大教師的教導，就必能從事一番良好的工作。縱然牧師、傳道士和教師們會忽略尋找失喪之人的工作，但兒童和青年們卻不要疏於此事。

青年和兒童們，奉耶穌的名去服事吧！一起做計畫、定行事表。難道你們無法組成一個團隊、指定一個時間，共同祈禱求主賜恩，並採取一致的行動嗎？你們應當請教敬愛上帝且在聖工上有經驗的人，使你們在上帝之靈的感召之下擬出計畫並規定方針，如此就可以盡心工作、取得好的成果。主必幫助凡願使用上帝所委託的才能以榮耀祂聖名的人。凡相信真理的本會青年們，是否都願意成為活潑的佈道士呢？

憑著信心做工

你在為別人服務時，聖靈的能力就必在他們心中運行，他們是用上帝獨生子的寶血買來的。我們惟有倚靠上帝的恩典和能力，從事使人心知罪悔改的工作，才能成功的贏得基督為我們而死的靈魂。當你向他們闡明上帝真理的時候，不信和不確定的念頭必隨之而來想要抓住你，但你要讓上帝應許的話驅除你心中的疑慮。

要篤信上帝的話，並憑著信心做工。撒但必來向你說服你的心，使你懷疑天父的聖旨；但要默念「凡不出於信心的都是罪」。要推動你的信心衝破撒但的暗影，使它固定在施恩寶座上，不可懷有一點疑念。這是你唯一能獲得經驗、尋得平安和信任所需之憑證的途徑。

隨著你經驗的增長，就必有更火熱的心，也會更愛護上帝的聖工，因為你與耶穌基督具有同一個目標。聖靈會賜予你同理心，使你能與基督共負一軛，與上帝同工。（1894 年 8 月 9 日《青年導報》）

呼召志願者

主呼召凡堅定地站在祂那一邊，並誓言與拿撒勒人耶穌聯合，去完成現今須完成之事的志願者。（《基督教育原理》第 488 頁）

挽救生靈的責任

青年人負有重大的責任。上帝對於生活在擁有更多亮光與知識

的所有現代青年期望甚高。祂希望用他們去驅散那籠罩在多人心中的謬論與迷信。他們應該蒐集每一點滴的知識與經驗，藉以鍛鍊自己。上帝要他們為所賜予的機會負責。當前的工作正等待他們殷勤而做，使工作能隨著時間逐步推進。

如果青年人肯奉獻身心為主效勞，就能達到高效率與高功能的標準。這是主期望青年所要達成的。若沒有做到這一點，那就等於拒絕充分利用上帝所賜的機會。這要被視為悖叛上帝的罪行，因他們在謀求人類的幸福上失職了。

親愛的青年，你在向人闡明以上帝的聖言為嚮導、遵守耶和華的誡命這等重要的事上做了什麼貢獻？你是否遵守了誡命、立了好榜樣向人見證惟有遵循上帝的話才能得救？如果你肯克盡所能的話，別人就會因你得福。當你竭盡所能去為主工作時，機會之門必向你敞開，使你能做更多的工作。（1907 年 1 月 1 日《青年導報》）

為基督作見證

凡在主這一邊的人，都必須為基督作見證。「主說，你們是我的見證人。」一個真誠信主者的信心，必要在純潔與神聖的品格上表現出來。信心因愛而淨化心靈；有了信心就有相稱的順服，忠心履行基督的訓言。基督教往往是極為實際的，與現實生活的一切境遇相互輝映。「你們是我的見證人。」要向誰見證呢？要向世人見證，因為你們有一種聖潔的感化力。基督要住在你們的心靈之中，

你們也要談論祂並彰顯祂品格的優美。

我們的談話

現代的流行宗教塑造了青年人的品格，以至於那些自稱信仰基督的青年很少向他們的朋友談論祂的名。他們談論許多事，卻不以寶貴的救贖計畫為談話的題材。假若我們是實踐的基督徒，就應該改變此種情形，來「宣揚那召我們出黑暗，入奇妙光明者的美德」。如果你因信有基督住在心中，就不能保持緘默。如果你已尋見了耶穌，就必作一個真正的佈道士。你要在這事上發熱心，讓那些不重視耶穌的人知道你已經認識祂、是你心中的至寶，而且祂已將讚美上帝的新歌放在你口中。

我的青年朋友，你們願不願像那些心靈被耶穌的愛溫暖的人一樣開始過基督化的生活呢？你們現今也許無法得知你一句溫柔、明智、莊重的話語，會對那些不承認自己為神兒女之人的心靈，帶來多大的拯救、成就多大善事。另外，在你們受審之前，你也許永遠不會知道你究竟錯過了多少為基督作見證的機會。在今生今世你也不會知道你們輕浮的行為、低下的言語、輕率的舉動，對某些人造成的傷害，使你與神聖的信仰背道而馳。

拯救所愛的人

你會為所愛之人的靈命感到焦慮。你會想要為他們敞開真理的寶藏、為他們的得救流淚呼求。但若你所說的話沒有感化力，以致

你的禱告沒有得到回應時，你就會因沒有看到成效而向神埋怨了。你感覺你所愛之人的心地特別剛硬，對你付出的努力無任何反應，但你仍沒有反省自己到底是哪裡出錯了？你是否想過，你正在用一隻手拆毀另一隻手所努力建造的呢？

有時你會順服上帝的聖靈，但有時又會任意而行不順服聖靈，這就會破壞你為所愛之人付出的努力，你所他們所做的一切都毀於一旦。你的脾氣、你那沒有說出口的言語、你的舉止行動、怨天尤人的心、缺少的基督徒馨香之氣、靈性上的虧欠，就連儀容的表現，都控訴著你的錯誤。……

不可輕看小事的重要性。小事能鍛鍊生活的紀律，也能訓練人心。它能培養人有基督的樣式，也能使人產生罪惡的形象。但願上帝幫助我們培養思想、言語、表情和行動上的習慣，向周遭之人證明我們是跟隨耶穌、學習祂樣式的人！（1893 年 3 月 9 日《青年導報》）

誠懇

為上帝積極做工的人是最有福的。許多人把時間浪費在無聊的瑣事上、喜歡自怨自艾、習慣埋怨。他們若能看重上帝所賜的亮光，並讓這光反照在別人身上，就可以體驗完全不一樣的人生。可惜許多人的心是自私自利、貪圖安逸，使人生充滿痛苦。他們可以藉著努力工作而使自己的生活變得光明，引領那些行在黑暗的死亡之路的人，走上天國的正路。若他們這樣行，他們的心就必在耶穌基督裡充滿平安與喜樂。（1881 年 10 月 25 日《評論與通訊》）

個人之工

基督主要的工作是與人談話。祂重視每個聽道者之心，而聽道者也能將所聽的消息傳與千萬人。

要訓練青年人去幫助青年人，使他們在做這事時從中獲得經驗，如此，他們就能更適於在更大的地方成為神聖的工人。

人心能以最簡單的方法接觸。那些為世上所稱讚的偉人與智者，往往會因一個愛上帝之人所說的幾句簡樸之語而感到振奮，因為他能很自然地談到那種愛，正像世俗之徒談論自己所常思想的事一樣。話語——即使經過慎思預備，其影響亦甚微小；但上帝的兒女出於赤誠而做的工，無論是透過言語或在小事的服務上，都能敞開許多封閉已久的心。（1899 年 5 月 9 日《評論與通訊》）

青年是救靈工作者

撒但是一個警覺的敵人，他一心一意要引誘青年走上一條與上帝喜悅之事相反的道路。他很清楚，沒有其他階層的人能像獻身的青年一樣在建造人的福址上大有效率。青年若為人正直，就必發揮強大的影響力。傳道人或年長的平信徒對青年人的影響力，遠不如那些忠心事奉上帝的青年對其他同儕的影響力。他們應要察覺，縱使須犧牲自己的娛樂和想法，也當盡其所能搶救自己的同胞。必要時應將光陰，甚至金錢，都獻給上帝。

凡自承是敬虔的人，都應該要敏銳的察覺那些與基督隔離之人的危險。恩典之門將要關閉。那些原可發揮良好影響去拯救生靈的人，卻因自私、懶惰或以基督的十字架為恥而沒有盡到義務，他們不但要喪失自己的靈命，他們的衣服上也撒上喪失靈命之人的血。這種人要向上帝交賬，因他們若獻身與上帝，就必能行善，可惜他們卻因不忠沒有如此行。

從何處著手

若想要為上帝做工，就從近處開始，先在自己的家裡、左鄰右舍、親戚朋友之間工作，他們會發現這些地方是一個良好的佈道園地。而且這種本鄉本土的佈道工作也是一種測驗，可以顯明他們有沒有在更廣大的區域中服務的能力。（《證言精選》第三輯第 61、62 頁）

最有效的方法

在我們的工作中，個人佈道的成就是遠超於所能估計的。因為缺少這種工作，許多人就必趨於滅亡。人的生命有無限價值，而髑髏地證明了這種價值。一個人蒙救歸向基督，他就會成為救靈的器皿去解救他人，如此福惠與救恩就會越傳越多。（《傳道良助》第 84 頁）

不同方式的服務

上帝呼召人成為傳道士、查經員和文字佈道士。讓我們的青年成為文字佈道士、佈道家和查經員出去為主工作，並使那些有經驗、能教他們工作更有效率的人與他們同工、教導他們成功的秘

訣。文字佈道士應將本會出版物挨家推廣。若有機會，他們應將現代真理向他們所遇見的人傳講，並與他們一同唱詩祈禱。我們在為上帝作工時，若努力遵循正確的方法，就必得到許多生靈。

上帝正在呼召凡願為別人而捨己，並願為聖工獻上自己和一切所有的青年。上帝所需要的人，是那些即使遭遇困難仍穩健地前進的人、是宣稱絕不失敗也不喪志的人、是加強並支持別人正在努力推進聖工的人。（1904 年 4 月 28 日《評論與通訊》）

做有效率的工

跟做別的工一樣，上帝的工所需要的技能必須從工作本身獲得。只要在日常工作中克盡其責、服務窮乏與困苦之人，你的才能就能發揮效率。（《教育論》第 258 頁）

無私的服務

那些盡力投入善行並以實際的行為幫助他人所需之青年，藉著分擔他人重擔，不但可以解除他們生活的痛苦，同時也大大地增進了自己身心的健康。行善是給予者和接受者互惠的工作。如果你在關懷別人的事上達到忘我的境界，你就能戰勝自己的弱點。你在行善之中所得到的滿足感，必能大大幫你恢復健全的想像力。

做善事所得的快樂能使心靈鼓舞、使身體躍動。仁慈為懷的人總是面帶喜樂的光彩，他們的儀容表露高尚的道德心志；但自私鄙

吝之人卻是萎靡、沮喪和陰暗，他們敗壞的品格顯露在容貌上。自私自利和專顧自己的心已在他們的外形上留下了印記。

凡被真正無私的善行所驅使的人，是與上帝性情有分之人，因為他們脫離了世上情慾的敗壞；但自私和貪財的人卻懷藏私心，以致他們同情人類痛苦的心趨於萎縮，他們的儀容表情也都反映出那墮落之仇敵的形象，而毫無純全聖潔可言。（《教育證言》卷二，第534頁）

殷勤的報償

青年人要記得，懶惰人會因為沒有忠實地履行日常生活之責，而喪失吸取寶貴的工作經驗。一個閒懶而自甘愚昧的人，就是把一個永久的障礙物擺在自己的腳前。他拒絕實務操勞而得的教化。他既不肯為人類伸出援手，便是奪取了上帝之物。他的人生經歷與上帝為人所預定的完全相反，輕視有益的工作會助長低劣的嗜好，麻痺人最好的精力。

世上有無數人的生活目標，就是只想盡情消費上帝出於慈愛所賜的福惠。上帝把地上豐厚的果實交付於他們，他們卻忘記向上帝感恩豐富的賞賜。他們忘了上帝希望他們善加利用所交托的恩賜才幹、使他們從消費者成為生產者。他們若能體會主多麼希望他們做祂的助手，就不會認為逃避責任受人服事是一項特權。

勞動的福氣

人惟有修身行善，才能得到真正的幸福。凡忠心履行本分之人，必能得著最純正與最高尚的享樂。沒有一項誠實的工作是卑賤可恥的。那輕視普通日常生活義務的人，他們懶惰的內心是可恥的。拒絕履行這些義務，就必造成心智和道德方面的缺陷，有朝一日他們必會深切感受到。到時候懶惰之人殘缺的一面必清楚地顯露出來。在他一生的記錄上會寫著：這位是消費者而非生產者。

我們可從人生的各種職業中學習有益的屬靈教訓。那些從事農作的人，可以在工作時揣摩《聖經》中的這句話：「你們是上帝所耕種的田地。」真理的種子必須撒在人的心田裡，以便在生活中結出聖靈豐美的果實。上帝在人心中所刻下的印記，乃是要塑造成美麗勻稱的樣式。身體和心智方面未經磨鍊的精力，要加以訓練，才為主服務。

基督已將服務的工作分派給眾人。祂是榮耀之君，但祂卻說：「人子來不是要受人的服事，乃是要服事人。」祂原為天上的大君，但祂甘願到地上來執行祂父所交給祂的工作。祂已使勤勞成為高貴。祂為要給我們建立勤勞的榜樣，曾以雙手從事木匠的職業。祂自童年就克盡本分來維持家計。祂認明自己是家庭中的一員，而欣然負起祂自己該承擔的責任。

協助家務

兒童和青年應樂於減輕父母的操勞，在家中表現無私的關懷。他們既欣然擔負自己所應負的一部分責任，便是接受一種訓練，使他們足能勝任重責和有為的地位。他們必須每年繼續進步，逐漸而確切地放棄童年無經驗的狀態，而發展到成年幹練的程度。兒童在忠心履行家庭的簡單義務時，就奠定了心智、道德和靈性的卓越基礎。

命運之網

親愛的青年朋友們，須切記你們每日、每時、每刻都在編織自己的命運之網。每次將梭子穿過，就有線織入網中，不是美化就是損傷它的款式。你們如果疏忽閒懶，就蹧蹋了上帝命定要你成就的、光明美麗的人生。你們如果選擇隨自己的意願，那麼非基督化的習性就會像鋼鐵的繩索一般將你們束縛。當你們轉離基督時，必有許多人效法你們的榜樣，這些人因你們的錯誤行徑，就永遠無法享受天國的榮耀。但是如果你們毅然決然地戰勝私心，不放過幫助人的機會，你們的榜樣發出的亮光，就必指引別人到十字架跟前來。 (1901 年 12 月 5 日《青年報導》)

勞動的神聖性

上帝的旨意原是要藉著勞動，來減輕那因人的背叛而侵入世界的禍害。藉著勞動可令撒但的試探失效，並遏止邪惡的潮流。勞動

雖然帶來焦慮、疲乏和痛苦，但它仍是幸福與進步的根源，也是抵抗試探的屏障。勞動的鍛鍊足以防止私慾，並增進勤儉、純潔與堅忍的美德。因此，勞動是上帝使我們從墮落中復原之偉大計畫的一部分。

體力勞動

防範罪惡可靠的保障之一，就是從事有益的工作，而最大的詛咒之一就是閒懶的生活，因為閒懶會產生罪惡、犯法和貧困。那些經常忙碌，欣然從事自己日常工作的人，乃是社會上有用的人。當他們忠心履行自己分內的各種義務時，就使個人的生活無論於人於己，都成為一種福惠。勤奮的勞動足以保守人脫離那「付禍害於閒懶之手」的惡者所設下的許多網羅。

基督的榜樣

為世上之民所指定的道路可能困苦艱辛，但這條路因救贖主的腳蹤而成為光榮，所以凡循行這條神聖道途的人，乃是安全的。基督已藉著訓誨和榜樣使有益的勞動變得尊榮。祂從早年就開始過勤勞的生活。祂在世上大部分的時間都在拿撒勒木匠店裡耐心地工作。生命之主曾穿上普通工人的衣服，在祂所住的小村街道上往返於刻苦的工作；當祂同農民和工人們併肩同行，而不為人所辨認、尊敬的時候，常有服役的天使在旁侍候。

適宜的勞動乃是人類的健康良藥。它能轉弱為強、轉貧為富、

轉悲為喜。撒但常埋伏著，準備隨時毀滅那些因閒暇而給了他機會、可讓他藉某些動人偽裝來接近的人們。他最成功的試探時機就是在人們空閒的時候。

甘心勤勞的教訓

財富所導致最惡劣的影響之一，就是把勞動看為低賤的時尚觀念。先知以西結說：「看哪，你妹妹所多瑪的罪孽是這樣：他和他的眾女都心驕氣傲、糧食飽足、大享安逸，並沒有扶助困苦和窮乏人的手。」（結16:49）這節經文向我們說明懶惰的可怕結果；它使人心智衰弱、靈性墮落，又使人理解力敗壞，以致所賜以造福的恩惠反變為咒詛。只有從事勞動的男女，才看出人生的偉大和美好，才願憑著信心和指望負起人生的責任。

許多成為基督徒的人，要學習如何樂於在自己的工作中勤奮的重要課題。上帝的工作需要有才能的機械師、商人、律師或農人為主工作，將基督化的紀律帶入平常的工作生活之中，這樣的工作比在開放地區做正式傳道人，還需要更多的恩典及更嚴格的自律。人必須有堅強的屬靈力量，將信仰帶到工廠和辦公室中，使每日的生活細節成為聖潔，並使一切事務可以遵循上帝聖言的標準。這正是主所需求的。

使徒保羅視懶惰為罪惡。他學會一種製造帳棚的手藝，並且在傳道時常常從事這職業，以維持自己和別人的生活。保羅並不認為他在這方面所用的光陰是白費的。使徒在工作時，能藉此接近其他

方式無法接觸的人。他向他的同工們證明,人在普通職業方面所有的技藝也是上帝的恩賜。他教訓人在日常勞作上也當榮耀上帝。他那因操勞而堅硬的雙手,絲毫無損於他做基督傳道人所發動呼籲人的力量。

上帝定意要人人都成為工作的人。負載物品的牲畜比懶惰的人更符合創造主的心意。上帝是不間斷的工作者。眾天使也都是工作者,他們為上帝服務世人。那些期盼要進入安逸享樂之天國的人,將來一定會失望,因為天國的制度絕不為耽於閒懶的人留有地位。然而,上帝把應許賜給一切勞苦擔重擔的人。惟有忠心的僕人才會受到歡迎,放下他的勞碌得以進入享受他主人的快樂。他必能欣喜地卸除盔甲,並在那為一切靠基督十字架而得勝所預備的安息中,忘記戰場的喧擾。 (《教育勉言》第 274,280 頁)

在各水邊撒種

主正在呼召祂的子民投入各種佈道工作,在各水邊撒種。祂期望我們能在鄰友中工作,但我們只做了一小部分。我們可以幫助貧病或有喪亡之痛的人們,藉此在他們的身上發揮感化力,使神聖的真理得以進入他們心中。不應輕易放過諸如此類的服務機會。這乃是我們所能做的、最高尚的傳道工作。以仁愛和同情挨家傳揚真理,完全符合基督首次差遣門徒出外佈道時給他們的教訓。

歌唱的恩賜

我們需要那些有唱歌天賦的人。詩歌乃是將屬靈真理銘刻在人心中最有效的方法之一。聖詩的詞句往往開啟了悔改和信心的泉源。年輕和年長的教友都應受教育，出去向世人宣揚這最後的信息。如果他們本著謙卑的心出發，上帝的使者必與他們同去，教導他們如何揚聲祈禱、引吭高歌，宣揚現代的福音信息。

青年男女們啊！要負起上帝所召你們去做的工作。基督必教訓你們如何善用自己的才能。當你們接受聖靈使人更新的感化而竭力教導別人時，你們的心志就必振奮，便能向你們的聽眾講出新奇而美妙的話語來。

醫藥佈道的工作

醫藥佈道的工作向人提供許多服務的機會。人們在飲食方面的不節制和對於自然定律的無知，造成現代許多疾病的根源，並奪取了上帝所應得的榮耀。上帝的子民中有許多人因不能克己，就不能達到那立於他們面前、屬靈的崇高標準。教訓眾人明白如何保持健康，勝於明白如何醫治疾病。我們應作明智的教育家，警戒眾人不可放縱私慾。當我們看到那因無知而導致侵入世界的痛苦、殘廢和疾病時，我們怎能不盡到自己的本分去開導無知的人，並解救受苦的人呢？

通往人心的通路已被偏見的暴君所堵塞，以致許多人對健康生

活的原理毫無所知。藉著教人如何烹飪有益健康的食物，就能做成良好的服務。這一方面的工作是和任何其他工作一樣重要。我們應開辦更多的烹飪班，也可以挨家拜訪教導人烹飪有益健康食物的技術。許許多多的人必因健康改革的影響而得以擺脫身心和道德方面的衰敗。（1912 年 6 月 6 日《評論與通訊》）

多方面的工作

教會是為服務而組織的；要在生活中為基督服事，首先就要加入教會。效忠基督，就必須忠心履行對教會的義務。這是人接受訓練的重要部分；而且在滿有基督生命的教會中，能直接引導人要為世人效力的熱誠。青年人可在多方面找到機會、做出有益的努力。（《教育論》第 259 頁）

安息日學的工作

主呼召青年在安息日學的工作上，準備從事終身熱誠的服務。……主甚願在安息日學的服事上有一群全心全意服務的教員，藉著操練而增進自己的才幹，並在那已有的成就上繼續進步。（《安息日學工作證言》第 53 頁）

與人查經的工作

為人查經的計畫源自於天國，並要藉此為許多青年敞開門路，投入這項重要的事工，否則這些事工是不可能完成的。

《聖經》已經被解開了。它能被帶進每一戶家庭，它的真理可以呈現在每個人的良心之前。有許多人正像古代高貴的庇哩亞人一樣，願意親自天天查考《聖經》，要曉得這道理是與不是。基督說：「你們查考《聖經》；因你們以為內中有永生；給我作見證的就是這經。」世界救贖主耶穌吩咐人不但要讀《聖經》，也要「查考聖經」。這是一項偉大而重要的工作，藉著這工我們從中獲得極大益處，因為我們聽從了基督的命令，就一定會得到賞賜。我們若遵循《聖經》啟示的亮光，祂必以特殊的獎勵表揚我們忠誠的行為。（《安息日學工作證言》第 29、30 頁）

文字佈道的工作

主呼召青年人要做文字佈道士和福音傳播者，去到還未聽過真理的地方挨家挨戶拜訪。祂對青年說道：「你們不是自己的人；因為你們是重價買來的；所以要在你們的身子上榮耀上帝。」凡在上帝指導下做工的必大大得福。（《教會證言》卷八第 229 頁）

青年人參加文字佈道的工作，是預備傳道的最好方法之一。他們可以進入各城各鎮，推銷含有現代真理的書報。他們在這工作上必有機會講解生命之道，而且他們所散播的真理種子也必生長結果。透過與人面對面說話、講解本會的書報，就可得著一種在台上講道所得不到的經驗。……

凡渴望能有機會做真正的服事並將自己完全奉獻與主的人，就必在文字佈道工作上得到機會與人談論有關將來永生的大事。（《傳

道良助》第 96 頁)

教學的工作

需要最優秀的人才來教育及陶冶青年人的思想,並有效地執行教師在教會學校中所必須做成的多項工作。……

我們需要特別冷靜、親切的教師,以忍耐和愛心對待那些最需要這種待遇的兒童事工。……教會學校需要品格高尚、能信任、信仰穩固、有機智和忍耐、常與上帝同行並遠避邪惡之事的教師。(《教會證言》卷六第 200、201 頁)

辦理事務的工作

主切望那些有聰明才智的人能為祂做各樣適任的工作。我們需要商人將真理的偉大原則帶入他們所有的交易中。要將才能訓練到最完善的地步。我們可以從但以理的身上學到,他在辦理的每件事上都經過嚴密檢視,沒有一點錯誤。他是每個領袖、經理和商人最好的榜樣。他的經歷表明,若一個人把他的腦力、筋骨以及心靈和生命的力量完全奉獻為上帝服務,他就能取得所有的成就。(《天路》第 307 頁)

醫藥的工作

沒有什麼傳道的工作,比忠誠敬畏上帝的醫師所涉及的佈道園地更為重要。他可以把基督的恩惠當作馨香之香膏帶進每一個病房

裡；他可以把真正的治癒良藥帶給罪惡纏身的靈魂，把病患和垂死之人交給神羔羊、讓祂除去世人的罪。（《教會證言》卷五，448、449 頁）

　　幾乎每個地區都有很多人不肯聽人傳講上帝的道或參加宗教的聚會。如果要將福音傳給他們，就必須把福音帶到他們家裡去。解除他們身體的痛苦，往往是接近他們的唯一管道。照料病人並解救窮人痛苦的傳道護士，是最有機會與病人一同祈禱、向他們誦讀《聖經》、講述有關救主之事的人。他們能為那些意志薄弱、無力控制那被情慾敗壞食慾的人禱告，並與他們一同祈禱。他們能為灰心喪志之人帶來一線希望。（《服務真詮》第 144、145 頁）

傳道的工作

　　不可輕看傳福音的工作。任何事業都不應使傳道工作視為次要。凡輕視傳道工作的，就是輕視基督。傳道工作的每一面都是最高尚的，所以我們應當使青年人時常記得，沒有什麼工作較比傳福音的工作更蒙上帝賜福。（《教會證言》卷六，第 411 頁）

國外佈道的工作

　　國外佈道的工作需要青年人加入。上帝召他們到國外佈道去。青年人比較沒有負擔，所以他們比那些需要維持家庭生活並考慮子女教育的人，更適於加入此聖工。此外，青年人比較容易適應新的氣候和環境，也比較能吃苦。他們能憑著機智和毅力與當地人接近。（《教會證言》卷五，第 393 頁）

青年人應熟諳其他的語文，藉此提高自己的資格，這樣，上帝就能使他們成為媒介，將救恩的真理傳給其他國家的人。這些青年人可以在為人服事之餘，學習其他語文。如果他們愛惜光陰，就能使自己的智慧增長，使自己有資格做更廣泛的工作。負擔較輕的青年若肯獻身於上帝，可以學習外語，使自己有能力做翻譯的工作。

（《教會證言》卷三，第204頁）

青少年的服務

無論是在家裡還是教會，兒童都能成為佈道工作者。上帝要教導他們能明白，他們在這個世界上是為了要做有益的服務，而不只是玩。他們在家裡可以被訓練去做佈道士的工作，為要預備做更廣大範圍的工作。父母們，幫助你們的兒女去成就上帝為他們所定的旨意。（1910年12月8日《評論與通訊》）

蒙悅納的服務

上帝已經本乎祂無限的慈愛與憐憫，藉著祂的話將亮光賜給我們，基督也對我們說：「你們白白的得來，也要白白的捨去。」要讓上帝賜給你的亮光照耀那些在黑暗中的人。你這樣做，天上的使者就必靠近你身旁，幫助你引領生靈歸向基督。

親愛的青年朋友們，務要記得，一個人並不一定要按手作牧師，才能為主服務。為基督作工的方法很多。你也許從未受過按手禮，但上帝仍能使你有資格為祂服務，藉著你去救人。如果你已在

基督的門下學會作心裡柔和謙卑的人，祂必賜你合宜的話語代祂發言。

如何處置錯誤

要盡力追求完全，但也不要因自己犯下的過失，就不讓自己為上帝服務。主知道我們的本質，祂記得我們不過是塵土。你若忠心運用上帝所賜你的才能，就必得著知識看清自己的不足，而需要除去不良的習慣，免得因你錯誤的榜樣傷害了別人。

要殷勤作工，將你所視為十分寶貴的真理傳給別人。這樣等到有空缺待填補的時候，你便聽見有話說：「請往前一步吧！」你也許會遲疑不前，但只管憑著信心向前邁進，在上帝的工作上表現出活潑、誠懇的熱忱。

救靈的秘訣惟有從那位偉大的教師才能學到。天上的甘露和時雨如何徐徐地降在凋萎的植物上，我們的言語也必須照樣柔和而親愛地落在我們力圖拯救的心靈中。不可等待機會來找我們，而是要去尋找機會，並要經常在心中祈禱，懇求上帝幫助我們向人說合宜的話。遇有好機會來到，不可因任何藉口而放過它；因為利用它就可能拯救一個生靈免於死亡。（1902 年 2 月 6 日《青年導報》）

最高尚的工作

我們要去拯救那些基督為之捨命的人，並且把這個工作置於一切工作之上，這工作應要比任何其他一切更吸引人從事，並獻上

全部的精力去行，並以此為你一生主要專注的工作。要在這偉大而高尚的工作上與基督合作，成為國內和國外的佈道士。要準備隨時且有效的在自己本鄉或遙遠的地區從事救靈的工作。要做上帝的工作，為別人服務，藉以表現你對救主的信心。唉！唯願男女老少都向上帝徹底悔改，並且負起那近在自己身邊的任務，利用機會努力做工，成為與上帝同工的人。（1893 年 5 月 4 日《青年導報》）

忠心服務

在今世最小的事上不忠心的人，也必在更重大的責任上不忠心。他們會搶奪上帝之物，觸犯神聖律法的要求。他們必不承認自己的才能屬於上帝、要奉獻於祂的聖工上。那些明知道要成功就必須付出額外的努力，卻只做命令他們做的事，而不願為雇主多做任何事的人，絕不是忠心的僕人。

若他們能表現殷勤而不自私的努力行為，若自稱信奉基督之名的人在生活中能實踐祂所囑咐愛的原則，他們就能避免許多疏漏和損失的事發生。

不忠的記錄

若工人因不受主人直接監督，就不注重光陰、浪費貲財，這乃是最可憎的自私心理造成的。他們以為自己的疏忽不為人知，其不忠就不被記錄下來嗎？若他們睜開雙眼，必能看見有「守望者」在觀察，並將他們一切的疏忽記錄在天上的卷冊裡了。

那些對上帝的工作不忠心的人，是缺乏操守的；他們的動機不足以令其在任何情況中選擇正義。上帝的僕人應當經常感覺自己是在他們僱主的監視之下。那位在古代監察伯沙撒王褻瀆神聖之宴會的守望者，今日也臨格在本會的機構中、在商人的帳房、在私人的工廠裡；那隻神祕的手，古時如何記錄了那褻慢之王可怕的判決，今日也必同樣確切的記錄你們的疏忽。伯沙撒定罪是用火燄的字跡寫下「你被稱在天平裡顯出你的虧欠」；如果你們在上帝所交付的任務上失職，也必受同樣的判決。

服務的真實動機

有許多自稱基督徒的人，並沒有與基督聯合。他們的日常生活和精神，都證明基督沒有在他們裡面成為「有榮耀的盼望」。他們既不可靠，也不堪信任。他們總想在工作上儘量少出點力，同時卻要索取最高的工資。「僕人」的稱號適用於每個人；因為我們都是僕人，所以我們最好要省察自己是仿照什麼樣的模樣。是不忠心的，還是忠心的呢？

僕人一般都樂意儘量多做事嗎？現在流行的風氣，不是教人匆忙而粗略地把工作做完，盡可能以最少的力來賺取工資麼？現代人的目的只在於領取報酬，而不是儘量把工作做得徹底。凡自命為基督僕人的人，切莫忘記使徒保羅的教訓：「你們作僕人的，要凡事聽從你們肉身的主人；不要只在眼前事奉，像是討人歡喜的；總要存心誠實，敬畏主：無論作什麼，都要從心裡作，像是給主作的，

不要給人作的；因你們知道從主那裡，必得著基業為賞賜：你們所
事奉的乃是主基督。」

那些參與聖工卻「在眼前事奉」的人，必要發現自己的工作經
不起世人或天使的鑑察。有效工作所必需的條件，乃是認識基督，
因為這知識將賜給人正確的原則和高貴無私的精神，如同我們自稱
事奉的救主所表現的一樣。忠實、節儉、謹慎、徹底的作風，應作
為我們一切工作的特徵，不論我們置身何處——廚房、工作坊、出
版社辦公室、療養院、大學、或在葡萄園的任何一個角落，都應如
此。「人在最小的事上忠心，在大事上也忠心；在最小的事上不義，
在大事上也不義。」（1891 年 9 月 22 日《評論與通訊》）

聖經教導
年輕人的
（告青年書精簡版）
15
堂課

SHARE

HOW TO
SAY
"NO"

第七篇

健康與效能

WORK
HARDER!

堅持愛主

Jesus
is
Love

人的心智與靈性透過身體來表達，因此心智與靈性的能力，大部分依賴身體的力量與活力；任何能促進身體健康的事物，都能促進健全思想與均衡品格的發展。人若缺少健康，就無法清楚地明瞭並充分地克盡他對於自己、其他人以及對於創造主所有的義務。因此，人當忠心地保持健康，如同保持品格一般。健康的知識應為一切教育努力的基礎。（《教育論》第 193 頁）

生活的學問

我們能做什麼來阻止那正把人帶入毀滅與死亡的疾病和罪惡呢？此種災禍源自對食慾和情慾的放縱，所以首要的改革工作，必須是學習並實踐節制的教訓。

為要使社會有長久的改善，大眾的教育須自童年開始。人在少年和青年時期所養成的習慣、嗜好、自制力，以及自搖籃裡所接受的原則，對於每個人的未來幾乎都具有決定性的影響。不節制與放縱行為所造成的罪惡與腐化，可透過適宜的訓練來防止。

健康自制

有健康的身體，青年人就能在身體上實現純潔高貴的性格，這是能強化他們控制食慾、避免陷入敗德縱慾最有效的方法之一。而

在另一方面，這些自制的習慣也是保持健康所必需的。

　　教導青年男女有關人類生命的科學，和如何保持健康的最佳方法非常重要。青年時期是累積知識的最好時期，以運用在他們一生的日常生活中。青年時期是建立良好習慣並糾正既有之不良習慣的好時機，藉此能獲得並保持自制力、制定計畫，使自己能習慣於實踐上帝吩咐人要參照祂旨意而行的命令，並為全人類帶來福祉。

　　耶穌並沒有忽視身體的需求。祂重視人身體的狀況，所以祂周遊四方、醫治病人、恢復殘疾者所喪失的能力。

人生是一種交託

　　當指導青年不可隨心所欲地生活，因為他們現今正背負上帝的托付，不久必有交賬的一天。輕視祂寶貴的恩賜是上帝看為有罪的。世界的救贖主已經為他們付出無限的代價，所以他們的生命和才能都屬於祂；而且他們也必根據是否對上帝所交託管理的資產忠心而受最後的審判。應當教導他們，他們被賦予的能力和機會越大，在上帝聖工上所負擔的責任就越重，為此他們必須做得更多。若這樣教育青年，使他們深感對創造主所應負的責任和自身生命所受的重託，那麼，他們就不願涉足那能毀壞許多現代青年的放蕩和犯罪的漩渦。（1881 年 12 月 13 日《評論與通訊》）

健康的保衛

健康是一種很少人重視的祝福，但我們卻依賴健康來維持我們心智和身體的能力。我們的身體是有情感與慾望的，所以我們要使身體保持最佳的狀態、意志受到靈性最佳的掌控，使我們的才能得到最大的發揮。任何削減體力的事，都必使心智衰弱，以致難於分辨是非。

濫用體力足以縮短我們能用以榮耀上帝的壽命，使我們失去完成上帝交託給我們工作的資格。我們若養成不良習慣，時常遲睡晚起、放縱食慾而犧牲健康，就是在建立身體虛弱的基礎。

凡如此忽視自然定律，因而縮短自己壽命，並使自己喪失服務資格的人，乃是犯奪取上帝之物的罪，同時也是在奪取同胞之物。上帝差他們到世上來，乃是要他們為別人造福，而他們竟因自己的行為而將這種機會縮短了。而且那些原本可以在更短的時間內完成的事，也無法勝任。我們既因自己有害的習慣而使世人失去善行的受益，主就要以我們為有罪了。（1912 年 6 月 20 日《評論與通訊》）

健康的神聖不可侵犯

撒但裝作光明的天使來試探人，正如他試探基督一樣。他力圖使人陷入身體和道德的衰弱狀態，使試探戰勝人，並因人的敗亡而誇勝。他已經很成功地引誘人不顧後果去放縱食慾。撒但深知人一旦損壞上帝所賜的智能，就不可能克盡他對上帝和同胞所有的義務

了。人的大腦乃是全身的首要。如果辨識是非的智能因任何不節制的行為而麻木，它就不能辨識永恆的事物。

健康與品格建造的關係

上帝不准許人違背生命的定律。可是人既屈從撒但的誘惑放縱私慾，便使高尚的智能屈服在慾望和情慾之下。這些既佔了上風，那些受造原比天使微小一點、能力可受最高培養的人，就屈服於撒但而受制於他了。他能輕易接近那些為食慾所束縛的人。由於不節制的行為，導致有些人在體力、智力和道德力上喪失了一半，有些人喪失三分之二，最終淪為仇敵的玩物。

那些有清醒的頭腦來辨明撒但詭計的人，必須將肉體的情慾置於理智與良心的控制之下。基督化的品格需要有強大的心智道德和有力的行為。心智的強弱，對於我們在今世的用處，以及最後的得救，都有莫大的關係。一般人對上帝所定的身體自然規律顯然無知，真是可惜！任何性質的不節制都是違犯我們的生命定律。智能低弱已經蔓延到可怕的地步。撒但把罪惡披上一層光明而具有吸引力。當撒但把基督徒的日常生活習慣導入世俗的專制之下、讓他們像外邦人一樣受慾望支配時，他就洋洋得意了。

不節制的惡果

如果有才智的男女，因任何不節制的行為而使自己的道德力麻木不仁，則他們在自己所養成的許多習慣上就不比外邦人好。撒但

不住地引誘人轉離救恩的真光去隨從風潮與時尚，而不顧身體、心智和道德的健康。那大仇敵熟知如果嗜好和情慾佔了上風，則身體的健康和心智的能力，就都要犧牲在自我放縱的壇上，而人也就必迅速趨於滅亡了。如果蒙啟迪的心智能掌握一切，控制肉體慾望的傾向、順服於道德力之下，撒但便知他對人試探的能力就變得非常小。

現代基督教界中大部分的人，根本沒有自稱為基督徒的權利。他們的習慣、奢侈的生活，以及對待自己身體的方式，都違反自然定律，並與《聖經》的標準相悖。他們在自己的生活行為中，正是為自己招致肉體的痛苦，以及心智與屬靈的衰弱。（1874 年 9 月 8 日《評論與通訊》）

自制乃是義務

須攻克己身。人的高尚智能應當作主。情慾須受意志的約束，而意志本身則須在上帝的管制之下。理智的王權，因神恩而得以成聖，應當掌管我們的生活。

人的良知必須瞭解上帝的要求。男女們必須覺悟有自約的本分和純潔的必要，並要脫離一切墮落的嗜好和使人污穢的習慣。他們需要深深地覺悟自己身心所有的機能，都是上帝的恩賜，應當盡力善為保守，以便為祂服務。（《服務真詮》第 130 頁）

均衡的教育

身體的操練不是浪費時間。經常埋頭於書本而缺少戶外活動的學生，是在損害自己。身體上各部組織和機能的均衡活動，是產生優良效能所必需的。大腦若過度操勞，但他器官沒有活動，身體和心智的能力都要受到損害。體力會喪失其健全的狀態，思想也不再清新有力，就會造成身體變得敏感而容易生病。

為了使男女具有均衡的心智，就必須運用並培養全部身心的能力。世上有許多人只看重一方面，所以只培養了一方面的能力，其他的才能則因不運用又發育不全，許多青年所受的教育就失敗了！他們既用功過度，同時又疏忽有關實際生活的一切。為要保持心理方面的均衡，勞心的工作應配合適當的體力勞動，使全部的能力得到和諧的發展。（《教育勉言》第295、296頁）

為求學而犧牲健康

有一些學生將所有精力都納入自己的功課中，專以求學為目的。他們多用腦力卻荒廢體能勞動。用腦過度又不鍛鍊肌肉會使身體漸漸衰弱。在這些學生畢業時，便可看出他們所求得的學問是以自己生命換來的。他們年復一年、日以繼夜地用功，使自己的心力一直保持在緊張狀態之下，而沒有充分運用自己的肌肉。

青年女性往往也是致力讀書，而疏忽那比書本學識更為實際、生活中不可少的教育。她們往往在求得學問之後，身體就變弱了！

她們因常閉不出戶，無法吸收戶外的新鮮空氣和上帝所賜的陽光，就疏忽了自己的健康。這些青年女子如果在求學時，配合著家務的勞作和戶外的運動，她們便可在離校時仍然保持健康了。

健康乃是無價之寶。它是人類所能享有的最豐富財產。若為追求財富、榮譽和教育而犧牲旺盛的精力，其代價就未免太大了。喪失健康，這些成就一樣也不能使人獲得幸福。（《教育勉言》第285、286頁）

高貴的表徵

但以理和他的友伴在他們受訓的三年裡堅持保持節制的習慣、忠於上帝，並不斷依賴上帝的大能。到了國王要測試他們的能力和學識時，就可和其他候選人一同參加考試，為國家效力。結果「無一人能比但以理、哈拿尼雅、米沙利、亞撒利雅」。他們敏銳的理解力、適當的言語和淵博的學問，都證明他們的智力是健全活潑的。因此他們得以侍立在王面前。「王考問他們一切事，就見他們的智慧聰明，比通國的術士和用法術的，勝過十倍。」

上帝一向是器重正義的。那強大的征服者尼布甲尼撒將各國中最有為的青年，都擄獲聚集於巴比倫，但其中卻無人能與希伯來的俘虜相比。他們那軒昂的氣宇、沉著的步伐、俊美的儀表、靈敏的感覺、純淨的氣息，這些都是高貴的標誌，是大自然所給予凡順從其定律的之人。

身體方面的習慣對於心智的影響

這裡所提供的教訓是我們應加以慎重思考的。嚴格地遵守《聖經》的要求，必然為身體和心靈帶來幸福。聖靈的果子不但是仁愛、喜樂、和平也有節制。我們受命不可污穢自己的身體；因為我們的身體就是聖靈的殿。

那幾個希伯來俘虜是與我們性情相同的人。他們在巴比倫奢華宮廷的誘人影響中，卻始終屹立不搖。現代青年被各種放縱私慾的誘惑所包圍。尤其是在我們的大都市裡，種種滿足感官的情慾非常誘人。凡像但以理一樣拒絕玷污自己的人，必獲得節制的報償。他們所擁有的、強大的精力和耐力，就像在銀行存了一筆款項，以備應急之用。

身體的正確習慣促進心智的優越。智力、體力和壽命都取決於不變的定律。大自然的上帝並不會干預人不受違反自然律反噬的後果。凡較力爭勝的，諸事須有節制。但以理清醒的頭腦和堅強的意志，以及他在獲得知識和抗拒試探時所發揮的能力，大都歸功於他每日淡泊的食物和祈禱的生活。

決定自己的命運

「各人是自己命運的建築師」，這句諺語含有寶貴的真理。父母雖然要為自己遺傳給兒女的性情，以及教育和訓練負責，但我們在此世的地位和貢獻，多半仍在乎我們自己的行為。

但以理和他的友伴，雖然在早年享有正確的訓練和教育的權利，但這些並不足以使他們偉大。他們必須要為自己採取行動的時刻來到了，未來如何取決於自己的方針。他們決心忠於自己童年所受的教育。敬畏上帝是智慧的開端，是他們偉大的人格基礎。

節制的豐富報償

現在正需要許多能像但以理一樣敢作敢為的人。一顆純潔的心，一隻堅強無畏的手，乃是今日世界所需要的。上帝定意要人類不住地進步，在優越的進度上逐日邁進更高的階段。如果我們努力自助，祂就必幫助我們。我們今世和來生的幸福，都在乎我們今生所有的進展。我們應處處防止那趨於不節制的第一步。

親愛的青年阿！上帝呼召你們去從事於靠祂恩典所能做成的事。你們「將身體獻上，當作活祭，是聖潔的，是上帝所喜悅的，你們如此事奉，乃是理所當然的」。要憑著上帝賜給你們的毅力和果斷力而堅定不移。要在你們的品味、食慾和習慣上顯出能與但以理相比的純潔。上帝必賞賜你們鎮定的神經、清醒的頭腦、正確的判斷力和敏銳的鑑別力。今日一切抱有堅強不移之原則的青年，必蒙賜予身、心、靈健康的福惠。 （1903 年 7 月 9 日《青年導報》）

宗教與健康

「敬畏耶和華乃是智慧的開端。」那些具有不良習慣和罪惡行為的人，一旦順從於神聖真理的能力，上帝的聖言就得以進入發出

亮光，使愚人通達。真理既打動了人心；那看似癱瘓的道德力就必
甦醒。凡領受的人就能比以前有更堅強、清楚的理解力。他已經使
自己的心靈牢繫在永固的磐石上。人的健康能在基督裡的安全感得
到增長。由此可見，宗教與健康的原理乃是攜手並進的。(《教會證言》

卷四，第 553、554 頁)

聖經教導
年輕人的
（告青年書精初版）
15
堂課

第八篇

靈修生活

《聖經》中有上帝的聖潔教化的靈。從每一頁中都有光照射出來。其中有真理顯明，其中的一字一句都像是上帝的聲音在向人心說話，能適應人生的每一種境遇，而使之光明幸福。聖靈喜愛向青年人說話，並向他們展示上帝聖言的豐富和優美。那位大教師所講述的應許能以神聖的靈力奪人心目，並鼓舞人的精神。在那豐饒的心田中，將要產生熟諳屬靈事物的效果，作為抵禦試探的保障。（《天路》第103頁）

祈禱是我們的保障

在面臨末日的危險時，青年唯一的保障就是不斷加強儆醒和祈禱。一個從研讀《聖經》和祈禱中尋得樂趣的青年，必因常汲飲生命泉源的活水得以舒暢。他在道德優美方面所能達到的高度與思想，是別人難以想像的。與上帝交往足以增進良好的思想和高尚的希望，以及對於真理清楚的瞭解，和行為的崇高宗旨。凡如此與上帝聯合的人都蒙祂認作自己的兒女。他們要不住的成長，對上帝和永恆之事得著更清晰的眼光，直到主使他們成為傳授真光與智慧給世人的媒介。

如何祈禱

可惜祈禱一事並未得著應有的理解。我們祈禱不是為要將上帝

所不知道的事告訴祂。主對每一個生命的秘密都瞭如指掌。我們的祈禱無需冗長，也不必高聲。上帝洞察我們隱藏的苦衷。我們可在暗中禱告，而在暗中察看的祂就必垂聽，並在明處報答我們。

我們若不是真正身處困境或不幸，卻在祈禱中不住地向上帝訴說自己是如何可憐，那就是偽善的祈禱。主所重視的乃是真心痛悔的祈禱。「因為那至高至上，永遠常存，名為聖者的如此說：我住在至高至聖的所在，也與心靈痛悔謙卑的人同居，要使謙卑人的靈甦醒，也使痛悔人的心甦醒。」祈禱並不是存心要使上帝有所改變，而是要使我們得與上帝相和。祈禱絕不能代替本分。我們儘管經常獻上禱告，並且非常懇切地禱告，也絕不會蒙上帝應允以此代替我們所當納的十分之一。祈禱不能償還我們欠上帝的債。

祈禱帶來力量

向上帝祈禱所得到的力量，足供我們擔承每日的義務。我們每天所遇見的試探，使祈禱成為必需的事。我們既被那可能引誘我們遠離上帝的影響所包圍，就必須不懈怠地懇求幫助和能力。若非如此，我們就不能粉碎驕傲，克制那使我們與救主隔離的縱慾試探之權勢。使生活聖化的真理之光，必向領受的人揭露那正在內心與他較力爭勝的情慾，並使他必須竭盡全力，運用一切的力量來抗拒撒但，以便靠著基督的功勞而得勝。　（1898 年 8 月 18 日《青年導報》）

祈禱的能力

摩西看見那神奇的建築——就是那將作為上帝榮耀居所之地，乃是當他與上帝同在山上之時。我們惟有與上帝同在山上——與神交往的隱密處，方可默念祂對於人類的光榮理想，這樣，我們就能塑造自己的品格，使主的應許應驗在我們身上：「我要在他們中間居住，在他們中間來往；我要作他們的上帝，他們要作我的子民。」我們在從事日常工作之時，應當藉著祈禱使心靈趨向上天。這些無聲的祈求猶如馨香，達到施恩座前，就使仇敵挫敗了。如此堅心依賴上帝的基督徒，絕不致為敵所勝。《聖經》上的一切應許，神聖恩惠的一切能力，耶和華的一切資源，都保證要拯救他。以諾就是這樣與上帝同行，而上帝也與他同在，作他每一需要中隨時的幫助。

與無窮者接觸

祈禱乃是靈性的呼吸，是屬靈能力的祕訣，沒有什麼其他蒙恩之方可以替代，而仍使靈性的健康得以保全。祈禱使人心與生命之源相接，並加強宗教經驗的能力。你若忽略祈禱，或只乘自己方便而間歇無定地祈禱，那麼你就會放鬆你對上帝的持守。靈性的功能若喪失活力，宗教的經驗就缺乏健旺與精力了。……

我們這般不配，有錯的凡人竟有權向上帝提出請求，能作有效的祈禱，實在是一樁不可思議的事。能與無窮的上帝聯絡，人所渴望的權力還有什麼比這更高的呢？軟弱有罪的人竟有權利向他的創

造主說話！我們竟可發言上達宇宙大君的的寶座前！我們竟可在行路之時與耶穌交談，而且祂也說，我在你右邊。

真誠的祈禱都得蒙應允

我們可以在心裡和上帝交談，也可與基督作伴同行。在從事每日工作之時，我們可以傾吐心願；任何人的耳朵都聽不見，但那禱詞卻不致歸於寂滅，也絕不至落空。沒有什麼事能湮沒心靈的願望；它超過市井的喧囂，高於機器的噪音。我們既是向上帝說話，我們的祈禱就必蒙垂聽。

既然如此，祈求吧！祈求，就必得著。當求謙卑、求智慧、求膽量、求信心的增加。每一出於真誠的祈禱都必得蒙應允。或許那應允並不合你心意，也沒有發生在你盼望得到的時候；但應允的時間與方法必定最適合你的需要。你在孤苦、困乏、試煉之下所獻上的祈禱，上帝都必應允，雖然並不總是按照你的期望，但必定總是於你有益。（《傳道良助》第 254-258 頁）

祈禱的姿態

在公眾及個人崇拜時，我們雙膝跪於主前向祂奉獻禱告，乃是我們的特權。我們的模範——耶穌，祂也是「跪下禱告」。另有記載論到祂的門徒說，他們也「跪下禱告」。保羅說：「我在父面前屈膝。」以斯拉雙膝跪下，在上帝面前承認以色列的罪。但以理「一日三次，雙膝跪在他上帝面前，禱告感謝。」

對上帝的真正恭敬是出自覺察到祂的無限偉大，和體認到祂的臨格而感發的。祈禱的時辰和地點都是神聖的，因有上帝臨格其間；而且舉止和態度表示尊敬時，這種感覺就必加深。詩人說：「祂的名神聖而可畏。」天使在稱呼上帝的名號時，都要蒙著他們的臉。如此看來，我們這些墮落有罪的人提到祂的聖名時，該當何等的敬虔呢！不拘老幼，都要深思那些說明世人應如何尊重上帝臨格之處的經文。祂曾在焚燒著的荊棘中吩咐摩西說：「當把你腳上的鞋脫下來，因為你所站之地是聖地。」雅各在看見天使的異象之後，便感嘆說：「耶和華真在這裡，我竟不知道。……」（《傳道良助》第178、179頁）

信心與祈禱

藉著在基督裡的信心，品格上的每一缺陷可得補足，每一瑕疵可得潔淨，每一過失可得矯正，每一優點可得發展。「你們在祂裡面也得了豐盛。」祈禱與信心是有密切關係的，二者應當同時研究。出於信心的祈禱，含有一種神聖的科學，這種科學是每一個想在一生工作上獲得成功之人必須明瞭的。基督說，「凡你們禱告祈求的，無論是什麼，只要信是得著的，就必得著。」祂已說明我們所祈求的必須符合上帝的旨意；我們必須祈求祂曾應許的事物，並且凡我們所求得的，不論是什麼，都必須以之遵行祂的旨意。條件遵行了，應許也絕不含糊。

我們可以求赦免罪惡、求賜下聖靈、求有與基督相似的性情、

求賜智慧能力從事祂的工作、求賜祂所應許的任何恩賜；然後接下來就要相信我們必定得著，並且感謝上帝已經使我們得著了。我們不必尋找蒙福的外在證據，因為恩賜乃是在應許裡面，我們可以照常工作，確信上帝所應許的必能成全，並確信我們已得了恩賜，在最需要的時候，就必見證其事實。（《教育論》第249、250頁）

研究聖經的價值

《聖經》的研究對於加強智力方面，勝於一切其他研究。青年在上帝的聖言中能發現可供探索的，是何等廣大的思想境界！人的心思應儘量在這方面的研究越探越深，而在每一次力求理解真理時增加能力；然而前面仍有無窮的境界。

那些自稱敬愛上帝並尊重聖物，卻放任心思於膚淺虛幻之事的人，正是置身於撒但的境地，從事他的工作。青年若肯研究上帝在自然界的榮美作為，和祂聖言中顯示的威嚴和大能，他們就必因每次的研究努力提升自己的才智，甚至獲得一種無涉於傲慢的精力。人因思量神聖權能的奇功偉績，就必學得那最難學習但最有益處的教訓，得知人的智慧若不與無窮者相聯合並因基督的恩典而聖化，便是愚拙。

基督的中保工作

上帝的愛子以祂神聖的位格，使被造者與自有永有者、有限者與無窮者相聯合，這乃是一個足供我們一生思考的主題。基督的這

項工作乃是要使其他諸世界的生靈堅定其無罪和忠順的狀況，也是為拯救這世界迷失和將亡的人類。祂開闢了一條出路，使悖逆者可以恢復效忠上帝，同時也藉此舉在那些原來純潔的生靈四圍加以防護，以免他們沾染污穢。

我們慶幸還有許多未曾墮落的世界；這些世界因拯救亞當墮落子孫的救贖計畫，又堅定他們的地位和純潔的品格，便將頌讚、尊貴和榮耀歸與耶穌基督。那將世人從撒但的試探所帶來的衰亡中拯救出來的膀臂，正是那保守其他諸世界居民不至犯罪的膀臂。太空中的每一世界都得蒙聖父聖子的照顧和扶持；而墮落的人類也不住地得蒙這樣的照顧。基督正在為人類代求，而隱藏之諸世界的秩序，也因祂的中保工作得以保全。這些主題難道不是偉大重要，足夠我們去運用思想，並足以喚起我們對上帝的感謝和敬愛嗎？

智力的發展

要向我們的青年闡明《聖經》，使他們注意其中蘊藏的財寶，教導他們搜尋其中真理，他們就必得到心智的能力，是研究哲學的一切知識所不能給予的。《聖經》論及的偉大主題，是出自靈感之詞句的嚴肅簡明，是向人心提供的高尚議題，是那從上帝寶座照射下來、啟發悟性銳利明朗的亮光，足以發展心智能力，達到一種幾乎難以領悟、也為人所不能充分解說的程度。

《聖經》為人的思想提供無垠的園地，其品質的高尚卓越，與一般未經聖化之智能的膚淺作品相比有天壤之別。那出自靈感的人

類歷史，已交在每個人的手中，人人都可立即開始研究。他們可以認識人類的始祖，看他們當初在伊甸園時是如何在聖潔無罪的狀況中，享受與上帝和無罪天使交往的喜樂。他們可以追溯罪的侵入及其在人類身上造成的惡果，逐步探尋神聖歷史的遺跡，研究其所記載有關於人類的悖逆，以及對罪惡的公正報應。

最高的修養

讀者能有機會與先祖先知們談話，可以參與那最動人的經歷，看到那位原是天上大君、與上帝同等的基督降臨人間，成全救贖計畫，掙斷撒但綑綁人的枷鎖，並恢復與上帝相似的資質。基督親自取了人的樣式，並且繼續保持與人同等的身分達三十年之久，然後獻身為贖罪祭，使人類不致滅亡——這值得成為我們深切思考和專心研究的課題。……

當使心思把握啟示的偉大驚人真理，如此，人就不會為輕浮無益的瑣事而滿足，也必厭棄那敗壞現代青年道德的無價值作品和無聊的娛樂。那些曾被《聖經》中的詩人哲士折服，並因信心英雄們的輝煌史蹟而心靈受感動的人們，在歷經這些豐富的思想園地之後，一定較比他們研究最有名的世俗作家，或思考並讚賞古代法老、希律、該撒等的偉蹟，更能使心地趨向純潔、思想更為高尚。

青年的才能大多是潛藏的，因為他們並不以敬畏耶和華為智慧的開端。主將智慧與知識賜給了但以理，因他不讓任何足以妨礙他信仰原則的勢力來影響他。我們今日之所以極少有思想、有恆心及

有確定價值的人，乃是因為他們妄想與上天隔絕而自求偉大。

上帝不為世人所畏懼、敬愛、尊重。宗教並未心口如一地將所宣稱的實踐出來。主為人類所能做的甚微，因人容易自高自大、不可一世。上帝要我們擴展自己的才能，利用一切的機會來表現、培養，並加強自己的理解力。人生在世，原是為了要過一種比自己所達到的更高超、更尊貴的生活；我們短暫的存在，原是為承受與上帝生命相稱的生命而作準備。

聖經乃是最偉大的教師

《聖經》所提供給人思想的主題是何等的偉大！何處可以找到更為高尚的討論題目呢？何處能有如此饒富深度的主題呢？人間學問的研究，怎能與《聖經》崇高且神祕的學問相比呢？哪裡還有事物足以喚起智力，來從事深邃誠摯的思想呢？

我們若讓《聖經》向我們開口，它就必將其他事物所不能教導我們的指引我們。但可惜的是，人卻偏偏撇開上帝的聖言，去注意別的事物！人們嗜讀無價值的文字和捏造的故事，而《聖經》及其神聖的真理竟被棄置不顧。人若以聖言為人生的準則，它就必煉淨人的生活，使人高尚而成聖。它乃是上帝對人類講話的聲音。我們肯聽從嗎？

「祢的言語一解開就發出亮光，使愚人通達。」有天使侍立在查考《聖經》者的身旁；要感動並啟迪人的思想。基督在一千八百

年前向祂初期的門徒吩咐過的命令，在今日仍同樣有力地向我們重申：「你們查考《聖經》，因你們以為內中有永生；給我作見證的就是這經。」（1881 年 1 月 11《評論與通訊》）

殷勤查考聖經

青年人理應親自查考《聖經》，不要覺得既有那些經驗豐富的長輩查明何為真理就夠了，以為年紀較輕的人可以從他們手中領受並視為權威。古代猶太人的亡國，皆因他們盲從自己的官長、祭司和長老們，以致遠離了《聖經》真理。如果他們聽從耶穌的教訓，親自查考《聖經》，他們就不至於滅亡了。……任何人都不可能領會上帝的一個應許所含的一切豐富與博大。一個人從某一觀點上了解其光榮，另一人則從別的觀點了解其優美與恩惠，使心靈為天上的光所充盈。我們還可根據上帝豐富的應許，領受較比現在更為遠大的啟示。當我想到我們如何忽視上帝定意賜下的豐盛福惠時，心中就悲愁萬分。我們原可天天行走在祂臨格的榮光之中，而我們竟以瞬間照耀的屬靈光照為滿足。（《給傳道人的證言》第 109、111 頁）

恆切努力查經

「你們查考《聖經》，因你們以為內中有永生。」查考的意思就是要殷勤地追尋某些遺失的東西。務要在上帝的聖言中搜尋隱藏的財寶。你缺少這些財寶損失是極大的。要鑽研那些難以理解的經文，將章節互相比照，就必發現經文本身正是開啟經文的鑰匙。

　　凡虔誠查考《聖經》的人，必在每一次的研究之後更加聰慧。人的某些難題得以解決了，是因聖靈成全〈約翰福音〉第十四章中敘述的工作：「保惠師。就是父因我的名所要差來的聖靈，祂要將一切的事指教你們，並且要叫你們想起我對你們所說的一切話。」

　　沒有一樣有價值的東西是不需認真、恆切的努力就能得著的。在工商事業上，惟有那些有決心從事的人才能有成功的收穫。照樣，我們若不認真努力，就休想獲得有關屬靈上的知識。凡是得著真理珠寶的人必須去挖掘，像礦工挖掘蘊藏在地下的寶礦一般。

　　那些無精打彩、也無決心致力此工的人永遠不會成功。無論老少都應閱讀上帝的聖言；他們非但應當閱讀，而且要殷勤誠懇地研究，一面祈禱、相信、一面查考。這樣，他們才能找到那隱藏的財寶，因為主必喚醒他們的理解力。

開明的思想

　　你們在研究《聖經》的時候，要先將你們的成見以及過往養成的觀念擱置一邊。如果你專為證實自己的觀點而研究《聖經》，你便永遠找不到真理。所以要把這一切撇在門外，並以謙虛痛悔的心進去聆聽主對你講的話。虛心尋求真理之人既坐在基督腳前，並向祂學習，聖言就必給予他悟性。但基督對那些自作聰明而研究《聖經》的人說：如果希望要有得救的智慧，你就必須心裡柔和謙卑。不可憑著固有見解去閱讀《聖經》，而是要擺脫偏見的心意、仔細查考。如果你在閱讀時有所感悟，並看出自己素來所抱持的見

解與聖言不相符，切不可試圖以聖言來遷就這些見解，而是要使你的見解遷就聖言。不可容許你過去所曾相信或慣行的事控制你的理解力。要睜開你的心眼看出律法中的奇妙，要查明經上所記的是什麼，然後立足於那永恆的磐石上。

對上帝旨意的認識

我們的得救有賴於我們是否認識上帝在祂聖言中的旨意。絕不可停止尋求真理。你需要明白自身的義務，以及應當做什麼才能得救。上帝的旨意正是要你明白祂的話，但你必須運用信心。你在查考《聖經》的時候，你必須信有上帝，並且相信祂必賞賜一切殷勤尋求祂的人。務要以渴慕靈糧的心來查考《聖經》！要在聖言裡挖掘，像礦工掘地探勘金礦一般。不可放棄搜尋，直到你已查明了你和上帝的關係，以及祂對你的旨意。（1902年7月24日《青年導報》）

存敬畏之心查經

我們應存敬畏之心來研讀《聖經》。一切輕浮懈怠的態度均應除去。《聖經》中有些部分雖是容易明瞭的，但其他片段的實義卻是不易了解的。所以我們必須耐心地研究默想，並誠懇祈禱。每一個研究者在翻開《聖經》時應祈求聖靈的光照；而祂必賜下的應許乃是可靠的。你研究《聖經》的精神，必決定你身旁幫助者的品質。凡以謙卑的心祈求神聖指引的人，那來自光明世界的天使必與他同在。如果你存不敬虔之心翻閱《聖經》，並且心懷自滿，或固持成見，那麼撒但就必在你身旁，他也必曲解上帝聖言中清楚的言辭。

（《給傳道人的證言》第 107、108 頁）

研究聖經的報償

尋求真理的人必到處得著報償，而且每次的發現都必開闢更豐富的園地以供他探討。人們的思想必然照他們所思考的事物而變化。如果平庸的意念與俗務佔據了他的焦點，那人就必成為平庸。如果他疏忽大意，只求對上帝的真理有膚淺的認識，他就得不到上帝樂於賜予他的豐盛福分。思想的定律是——思想必按其熟悉之事物的範圍而縮小或擴大。

心智的能力若不振奮、也不恆切地致力尋求真理，就必逐漸萎縮，以致失去領悟上帝聖言深義的功能。時常用心探討《聖經》中各題旨的相互關係，將經文與經文、屬靈的事物與屬靈的事物相比照，則心智就必大大發展。當持續挖掘，因為那最貴重的思想珍寶，正等待著精明而殷勤的學者去採掘。（1888 年 7 月 17 日《評論與通訊》）但願研究者以《聖經》為自己的嚮導，堅持原則，這樣就可望達到崇高的成就。（《服務真詮》第 465 頁）

聖經：解惑的教師

《聖經》是無可匹敵的教育者。《聖經》乃是人所擁有的最古老詳盡的歷史，亦是來自永生真理泉源的清流。它照耀亘古，卻是人類正探索尋求中所無從洞悉的。然而，我們惟有在上帝的聖言中，才看到那鋪張諸天、建立地基的大能；我們惟有在此才可發現

列國起源的可信記載，以及那未受人類驕傲或偏見所玷污的人類史。

永在者的聲音

在上帝的聖言中，心智可獲得運用最深邃思考、寄予最崇高希望的題材。我們可在此與諸先祖及先知交往，並聆聽那位永存者的聲音與人交談。我們在此看到天上的大君竟自己卑微，成為我們的替身和中保，獨自與黑暗的權勢對抗，並為我們的緣故贏得勝利。在這一類主題上虔誠的沉思默想，必定使人心軟化、淨化而高尚，同時能以新的能力激發人的心智。凡以冷漠與輕蔑對待上帝的要求，又自認是耿直勇敢的人，就足以暴露其個人的愚昧無知。他們雖自詡其自由獨立，但實際上卻正受著罪惡與撒但的奴役。

真實的人生哲學

對於上帝的真相以及祂要我們達成之事若具有明確概念，就必導致健全的謙卑。那正確研究聖書的人，就必獲悉人的才智並非萬能。他必明白若缺少那惟有上帝可能賜予的幫助，人的力量與智慧便只是軟弱與無知而已。那遵循神聖指引的人，就尋得救恩與真幸福的唯一可靠根源，並獲得將幸福分給四周之人的能力。人缺少宗教，就不能真正享受人生。愛上帝可以淨化並提高人的每一愛好與願望，加強每一情愛，更使每一有價值的樂趣增光。它能令人重視並享受一切真、善、美的事物。

但那超越一切其他重要理由，而更應使我們珍視《聖經》的，就是《聖經》將上帝的旨意啟示人。我們在此可獲悉我們受造的目的和達成之法。我們學會如何善用今生及如何求得來生。任何其他的經書，都不能使人腦中的疑問或心中的熱望獲得滿足。人們藉著獲得上帝聖言的知識且加以留意，就可從最低下的墮落深淵中上升，得以成為上帝的兒子、無罪天使的夥伴。（《教育勉言》第52-54頁）

敬虔

親愛的青年朋友們，你們的特權乃是在地上榮耀上帝。為求達成這一點，你們必須使自己的思想轉離那些虛浮、無謂的事物，寄託於具有永恆價值的事物上。我們所處的時代，正是人人都當特別留意救主的訓諭：「總要儆醒禱告，免得入了迷惑。」你們所受的強烈試探之一就是不敬。上帝是崇高而聖潔的；而且在每一謙卑相信的人看來，祂在地上的居所，就是祂子民聚集禮拜的地方，正如天國的門一般。頌讚的詩歌，基督僕人們所講的道，都是上帝所命定為天上教會預備會眾的媒介，預備參與那更高的崇拜，在那裡一切不純正不聖潔的都不得滲入。

在上帝聖殿中的舉止

現代的青年極需學習恭敬。我看到信奉宗教之父母們的子女，是如此無視於上帝聖殿中所應保持的秩序和禮貌，我就非常驚恐。正當上帝的僕人們將生命之道傳給聽眾的時候，有的卻在看書，有的竟在耳語嬉笑。他們是在以眼目犯罪，因轉移了四圍之人的注意

力。這種習慣如果不加以阻止，就必蔓延以致影響別人。

　　兒童和青少年絕不可認為他們在敬拜上帝的聚會中表示冷漠疏忽，乃是一件值得自傲的事。上帝洞察每一不敬的意念和行為，而且都已記錄在天上的卷冊中了。祂說：「我知道你的行為。」沒有一件事能逃過祂那鑑察萬事的慧眼。如果你已經養成了在上帝聖殿中冷漠疏忽的習慣，務要盡力糾正，表明你具有尊敬之心。要操練恭敬直到它成為你的一部分。

　　不可在聽道時彼此交談而對崇拜上帝的儀式和聖殿缺少尊敬。如果那些犯了此種錯誤的人，能得見上帝的聖天使在鑑察他們並記錄他們的行為，他們就必充滿羞愧並厭憎自己了。上帝所要的乃是聚精會神的聽眾。正當人們睡覺的時候，仇敵就撒下了稗子。

　　凡是神聖而與敬拜上帝有關的事物都不可掉以輕心、予以漠視。每當聆聽人們宣講生命之道時，務要記得你是在聽取上帝藉著祂所特派的僕人發言。不可因疏忽大意而錯失了這些話；如加以注意，它可保守你的腳不致涉入歧途。

對於宗教事物的輕忽

　　我因看到許多自稱信教的青年對於內心的改變竟毫無認識，就甚為遺憾。他們並不明白自稱為基督徒乃是一件嚴肅的事。他們的生活與敬虔的心思背道而馳。他們若是上帝真正的兒女，就絕不會一昧地玩笑、輕佻；別人愚妄的言談和行為也絕不會在他們心中引

起同感。一個專心爭取賞賜，求得天國的人，就必以毅然的決心拒絕以宗教事物作為談資。忽視這個問題是頗有危險性的；沒有什麼愚行是像粗心大意和輕浮的作風這樣陰險。我們處處都看到舉止浮誇的青年。當遠避此等青年，因為他們是危險人物。他們若自稱是基督徒，則更為可怕，因他們的思想已經形成了卑劣的性格。他們將你們拉下至與他們相同的水準，較比你們提升他們到高尚尊貴的思想和正確的行徑要容易得多。你們應以那些在言語和行為上彬彬有禮的青年為你的同伴。

為要盡力彰顯對上帝的讚揚，你們所交的朋友必須是幫助你們的心思清楚地分辨聖俗。如果你們想要具有寬闊的眼界、高尚的思想和期望，就當揀選那能加強正確原則的友伴。務要使每一思想和行為的動機都以承受來生及永恆的幸福為目的。（1896 年 10 月 8 日《青年導報》）

希望源自美好根基

你如何能知道自己是蒙上帝悅納了呢？當虔誠地研究祂的聖言。不可將《聖經》拋在一邊而去看別的書。這書能使人知罪，清楚地顯示出得救之道，亦使人看出光明榮耀的賞賜。它向你彰顯一位全備的救主，並教導你惟有倚靠祂無窮的慈憐，你才有希望得救。

不可疏忽暗中的祈禱，因為這乃是宗教的精髓。要以誠懇熱切

的祈禱，求得心靈的純潔。要認真懇切地祈求，猶如你在瀕臨危險而為今世的生存求救一般。要在上帝面前靜候，直到你心中產生了渴慕救恩的願望，並且得著甜蜜的保證，確知你的罪已蒙赦免。

永生的指望絕不是憑著虛幻的證據輕易領受的。它是你自己的靈性與上帝之間必須解決的問題。如果你只有一種假想的希望，別無其他，那就必招致敗亡。你既要憑著上帝的聖言決定成敗，就必須在聖言中尋求對你面臨之境遇發出的證言。在那裡你可以看見基督徒的條件是什麼。切不可卸下你的軍裝，或擅離戰場，直到你已經獲得勝利，得以在你的救贖主裡面誇勝。（《教會證言》卷一第163、164頁）

聖經教導
年輕人的
(告青年書精簡版)

15
堂課

SHARE

HOW TO
SAY
"NO"

WORK
HARDER!

第九篇

讀書與音樂

堅持
愛主

Jesus
is
Love

　　青年人，務要閱讀那能供給你真知識、並對全家有助益的作品。要堅決地說：「我絕不在對我無益、且無法裝備我為人服務的讀物上，浪費片刻寶貴的光陰。我要專心用我的光陰和思想取得為上帝服務的資格。我要閉眼不看輕浮邪惡的事物。我的耳朵是屬於耶和華的，我絕不聽仇敵的狡辯。我的口絕不服從任何不受上帝聖靈感化的意志。我的身體乃是聖靈的殿，我身心的每一分精力都必獻上從事有價值的事工。」（《教會證言》卷七第64頁）

讀物的選擇

　　教育是對身體、心智與靈性之能力的一種準備，使人完善履行人生的一切義務。持久的耐力，和頭腦的能力與活動，皆視其運用的方式而有所增減。心志必須經過鍛鍊，使其一切的能力都得以均衡地發展。

　　許多青少年熱愛看書，凡他們觸手能及的都想看。但他們要當心自己所看的，正如當心他們所聽的一樣。我蒙指示，他們受不良讀物腐化的風險很大。撒但千方百計地要攪亂青年的思想，他們若片刻疏於防範，即不得安全。他們必須謹守自己的思想，以免為仇敵的試探所惑。

不良讀物的影響

撒但深知人的思想大都易受所吸收之事物的感染。他竭力引誘青少年及成年人去閱讀其他書刊。這一類讀者便逐漸不配承擔當前的義務。他們過著一種幻想的生活，無心去查考《聖經》或是取用上天所賜的嗎哪。那原來需要加強的心智反而更為衰弱，並失去研究那有關基督使命與工作之偉大真理的能力，這些真理原可鞏固人的思想，喚醒人的想像力，並激起一種堅強誠懇的願望，要得勝像基督得勝一般。

靈性的仇敵

如果大多數現在出版的書籍能付諸一炬的話，則正在人心智上造成的不當影響就必止息了。言情小說和故事對於讀者都具有一定程度上的負面影響。縱有宗教的意味交織於其中，但在大多數情形中，只是撒但披上了天使的外袍，藉此更有效地實行欺騙並誘惑罷了。沒有人能完全堅持正確原則，或百分之百安全、不遭受試探地去閱讀這些小說。

閱讀虛構作品的人，乃是放縱足以消滅靈性、掩蔽神聖篇章之優美的惡習。這惡習能造成不健全的興奮，使想像趨於狂熱，思想不適於有用的工作，使人棄絕祈禱，而不配從事任何屬靈的活動。上帝已賦予本會青少年許多卓越的才能，可惜他們往往摧殘自己的能力，攪亂並削弱自己的心智，以致他們多年在恩典和有關我們信仰緣由的知識上沒有長進，皆因為他們在閱讀方面沒有做出明智的

選擇。凡指望主迅速降臨，並等候那不可思議之改變，就是「這必朽壞的，變成不朽壞的」人，都應趁此寬容時期，將自己立於更高行動水準之上。

我親愛的青年朋友，你們不妨問問自己對那些富含刺激的作品感覺如何。你們在閱讀它們後，還能夠再翻開《聖經》、專注閱讀生命之道嗎？你們豈不發覺上帝的聖書因此變得索然無趣了嗎？那言情小說的魔鬼會在思想中作祟，摧毀它健康的品質，使你們不能專注於那與你們永恆的幸福息息相關、重要而嚴肅的真理。要毅然決然地拋棄一切無價值的讀物。這些既然不能加強你們的靈性，反而將那足以敗壞想像力的情緒輸入你的心思，使你很少念及耶穌，也很少注重祂寶貴的教訓。當保守心意避免一切足以導向錯誤的事情。不可讓既無價值、又不能增強智識的故事充斥於思想之中。供應你心意的養分如何，你思想的素質也必如何。

唯一傑出的經書

一個人的宗教經驗品質如何，可從他在閑暇時所選讀書籍的性質看出。青少年為求得健全的思想和正確的宗教原則，必須藉著讀經與上帝保持交往。《聖經》指明那靠基督得救的道路，正是我們趨向更高更美生活的嚮導。其中所記載的歷史和傳記，乃是有史以來最有興趣也最具教育意義的。凡沒有因閱讀虛構作品影響想像力的人，必能發現《聖經》是一切書籍中最有興趣的書。

《聖經》乃是唯一傑出的經書。如果你喜愛上帝的聖言，一有

機會便查考它，你就可以獲取其中豐饒的寶藏並準備行各樣善事，
那時你就可確知耶穌正在吸引你順服祂。但是隨便地閱讀《聖經》，
不求力解基督的教訓，以便依從祂的要求，仍是不夠的。上帝的聖
言中有許多的寶藏，惟有在真理寶礦中深入的採掘才能發現。那在
過去因其所啟示、指責罪人的真理而不引人注目的書，如今卻成了
心靈的糧食、人生的喜樂與安慰了。公義的日頭照亮了神聖的篇
章，而聖靈也藉此向心靈講話。……凡習慣閱讀世俗材料的人，務
要使自己的注意力轉向預言確實的話語。要拿起你們的《聖經》，
而以新的興趣開始研究新舊約的神聖紀錄。你越殷勤的研究《聖
經》，它就越顯得優美，你也必逐漸遠離世俗的讀物了。當將這寶
貴的書卷繫在自己心上，它必成為你的良友和嚮導。（1902 年 10 月 9
日《青年導報》）

信徒的榜樣

以弗所信徒悔改之後，他們就改變了自己的風俗習慣。他們在
上帝的靈勸服之下，立即採取行動，揭露了他們過去所行巫術的一
切秘密。他們前來認罪，並「訴說自己所行的事」，他們因自己過
去曾熱中邪術，珍視那些載有撒但所制定之方法藉以施行邪術的書
籍，使心靈中充滿聖潔的義憤。他們決心擺脫那惡者的奴役，所以
將他們那些貴重的書卷拿來公開地予以焚燬。如此便顯明了自己轉
向上帝的誠意。以弗所的信徒在悔改信福音之後所焚燒的書卷，都
是他們過去所喜愛的，而且也是他們用以轄制自己良心與領導自己
思想的。他們原可變賣這些書卷，但若如此行，邪惡仍必存在。他

們恨惡這些撒但的詭計和邪術，並對這些書籍中的知識憎厭不已。我願請問凡與真理發生聯繫的青年，你可曾將那些「邪術」的書籍付之一炬呢？

今日的邪術書籍

我們並不控訴你們犯了古代以弗所人所犯的罪惡，也不聲稱你們行過邪術，或像他們一樣施行卜卦算命等事。我們不說你們追隨巫術，或與邪靈有所交往。你們豈沒有將自己獻給撒但作工具，就廣義來說，這豈不是與墮落的使者來往，向他們學習自欺欺人的法術嗎？你們經常閱讀的是什麼呢？你們怎樣運用自己的時間？你們是否努力研讀《聖經》，從上帝的聖言中聆聽祂向你們講話的聲音？世界充斥著許多散佈懷疑、不信和無神論的書籍，你們也已從這些書籍中多少學習了一些事物，而這些就是邪術的書籍。它們將上帝從世人心中驅趕，使人的心靈與那真正的「牧者」隔絕。

與莊嚴的思考背馳

你們所閱讀的書籍是撒但的爪牙設計，要以此蠱惑人心，並指示你們如何以撒但般的姿態去事奉惡者。那些傾向於無神論、想利用似是而非的疑問擾亂心思的書籍何其多！世界上使人心充滿虛幻和愚妄，以致對真理和公義之道產生厭惡之心的虛構讀物，是何等氾濫！人心因此不適於從事莊嚴鄭重的思考，也不能忍耐而恆切地查考《聖經》，這經乃是引導你們走向上帝樂園的指南。

打破撒但邪術的迷惑

我要問，這些邪術的書籍是否應當燒燬？在撒但的集會中，有許多助長、放縱淫行，且具吸引力的場所；但見證者也在那裡，有一位看不見的訪客要為那在暗中所行的事作見證。在徒然無益、驕傲自負、歡樂熱鬧的集會中，有撒但作主席，他也是一切享樂的發動者。他以偽裝出現其中。……每一男女及兒童若不受上帝聖靈的約束，便是在撒但魔法的勢力之下，而藉其言語和榜樣就必誘惑別人偏離真理之道。當基督感化之恩在心中運行時，罪人便因自己長久疏忽上帝所為他預備的救恩而心懷義憤了。於是他必將自己的靈魂與身子全然獻給上帝，並靠上帝所賜給他的恩典與撒但斷絕交往。他必像以弗所的信徒一樣，痛斥邪術，並斬斷自己與撒但聯繫的最後一根繩索。他必離棄黑暗之君的旗幟，置身於以馬內利大君的旗幟之下。他必將邪術的書籍焚燒盡淨。（1883 年 11 月 16 日《青年導報》）

最佳精神食糧

我們的兒女應閱讀什麼呢？這是個嚴肅的問題，自然也需要嚴肅以對。我在一些基督徒家庭中看見許多對思想造成不良影響的虛構小說，便覺得非常的不安。我曾經觀察那些閱讀小說成癖的人，他們雖曾享有聆聽真理並瞭解有關本會信仰的特權；及至長大成人，他們卻仍無真實的敬虔可言。這些可愛的青少年極需採用最優良的閱讀材料——敬畏上帝及認識基督的材料，來建造自己的品

格。可惜許多人對於那在耶穌裡的真理尚未產生全面的理解前，心意已沉湎於煽情的讀物之中。他們生活在一種並非現實的世界之中，已不適於承擔人生的實際義務。

嗜讀虛構作品的結果

我曾觀察過一些在這種情形之下成長的子女；他們無論是居家或在外，若非浮燥不定便是耽於夢想，除了談些庸俗話題外，便不能談論其他的事。那原適於追求更高尚的良知良能已墮落，只能思想一些無足輕重或低劣的主題，直至他們滿足於這一類議題，就無法領會更高尚的題旨了。至於宗教的思想與談話，則都變得枯燥無味。因為他所嗜讀之物含有玷污作用，使其耽於肉慾的思想。當我考慮到這些不能獲得有關永生指望所寄託之基督的知識，而遭受到何等重大的損失時，我就生出深摯的憐憫來。他們困於負面的幻想之中，經常誇大細微的苦況。那為思想健全而明智的人所不屑注意的事，在他們看來卻變成不堪忍受的試煉和無法克制的阻礙。就他們而言，人生常是籠罩在陰影之中。

現今有一些年老力衰之人始終未能擺脫不良讀物的影響。這個在早年養成的習慣，已經隨著人的成長而逐漸增強了；人們雖然決心要努力勝過它，但他們的努力只有少數成效。多數人始終不能恢復他們當初的智力。他們既繼續以此類作品為精神食糧，就絕不可能真像基督。這對於生理方面的危害，亦不稍減。神經系統因這種貪讀的狂熱而擔負過重。心志不斷受到刺激，腦力漸趨弱化，直到

無力行動的程度，結果就成了癱瘓。

精神的醉漢

一旦養成了愛好閱讀刺激、煽情小說的嗜好，道德的判斷力就被敗壞，思想若沒有吸收這種有害的食糧，就不能饜足。我曾看見自稱跟從基督的青年，手中若無新的小說，便極度不安。他們沒有深厚的宗教經驗。如果這一類讀物沒有經常擺在他們面前的話，他們或許還有改革的希望；但他們竟渴慕這類書籍，而且非看不可。我為青年男女如此糟蹋自己有為的人生感到痛心。對於他們，除了「精神的醉漢」以外，我們再也找不到更適宜的名稱了。不節制的閱讀習慣對於腦力的不良影響，正如在飲食方面不節制造成的影響一樣。

挽救之方

防止罪惡生長的最好方法，乃是先佔有心田。必須以最高度的關懷和警惕耕耘心田，並將《聖經》真理的寶貴種子撒在其中。主憑祂至大的憐愛，已在《聖經》中向我們闡明聖潔人生的規律。……祂曾經感動古聖先賢為了我們的利益寫下教訓，也論到那阻礙前程的危險，以及躲避的方法。凡聽從《聖經》訓諭的人，不致對這些事茫然無知。在此末日的危險之中，教會的每一個人都應明瞭自己的指望和信仰的緣由。我們若要在恩典和認識我們主耶穌基督的知識上有所長進，自然有充分的材料叫充滿我們的思想。（《基督徒的節制和聖經中的衛生》第 123-126 頁，1890 年）

犯罪的第一步

　　一個基督徒在公開犯罪之前，心中必先經一番長久的思想過程，這過程是世人所不知道的。人的心並不是從純潔的景況立刻陷於敗壞墮落和犯罪；那些照著上帝形象而造的人墮落到與禽獸無異，或與魔鬼一般的地步，是需要相當長久的時間。我們受自身常注意的事，使自己產生改變。人能因放縱不正當的思想，而使自己的心受污穢影響，以致原先憎惡的罪，變成他所愛好的事。（《先祖與先知》第 455 頁）

聖經：最值得鑽研的寶庫

　　無論老少都疏忽了《聖經》。他們不以《聖經》作為研究對象和人生準則。尤其是青年人更犯了這種忽略的錯。他們多半有時間看別的書，但那指明永生道路的書反倒不是每日閱讀的。其實這本書乃是我們走向更高尚、更聖潔生活的嚮導。青年既疏忽了最高的智慧之源《聖經》，他們的心智就不能達到最高貴的發展。我們是在上帝所造的世界之上，在創造者的面前，我們是按著祂的形象造的；祂保護我們、疼愛我們並且眷顧我們，這都是可供思索的奇妙主題，可引導心智進到遼闊而崇高的思想園地。那敞開心思與腦力來思索這一類題目的人，就再不會滿足於無足輕重和令人激動的主題了。徹底明白《聖經》的重要性實在難於估計。《聖經》既是「上帝所默示」能使我們「有得救的智慧」並使屬上帝的人「得以完全，預備行各樣的善事」（提後 3:15-17），因此理應獲得我們最敬

虔的注意。我們不應滿足於膚淺的知識，卻應追求明白真理之道的
全部意義並上帝聖言的精義。（《教育勉言》第138、139頁）

罪惡的寫照

　　青少年最好拒絕閱讀那些專為圖利而出版、充斥種種聳人聽聞
之題目的書籍。這種書籍含有撒但的蠱惑。罪惡和暴行的敘述在許
多人身上都會發揮蠱惑的魔力，鼓勵他們挺而走險，不惜藉邪惡的
行為引人注意。就是在某些純粹歷史性的作品中所描述的暴行、慘
無人道的殘酷行為和淫蕩的罪惡，也已在許多人心中如同麵酵一樣
發揮了毒害的影響，促使他們去犯相同的罪行。凡描述人類所犯如
魔鬼般罪惡的書籍，都是在為罪惡作宣傳。這些可怕的詳情細節無
需重溫，故此凡篤信現代真理的人，都不可在使人記念這罪惡的事
上有分。智力若受這種敗壞的食糧供養、刺激，思想就必變為污濁
了。（《教育勉言》第133、134頁）

保守心靈

　　智慧人勸告「你要保守你心，勝過保守一切；因為一生的果效，
是由心發出」。人的「心怎樣思量，他為人就是怎樣」。人心須被
上帝的恩典所更新，不然他若想追求人生的純潔，必定是徒然的。
人想要建立高尚的品格，而不靠基督的恩典，無異是在流沙上建造
房屋，一旦遇見試探的猛烈風暴，就必倒塌。大衛的禱告應當作每
個人的懇求，他說：「上帝啊，求祢為我造清潔的心，使我裡面重
新有正直的靈。」我們既能與上天的恩賜有分，就要「因信蒙上帝

能力保守」，漸漸達到完全的地步。

但為要抵抗試探，我們也有當盡的本分。凡不願落在撒但的詭計中成為他犧牲品的人，就必須慎重地保衛心靈的每一條通道；我們不可讀、看或聽那足以引起污穢思想的事物。切不可讓心思隨著仇敵的誘惑任意遊蕩。使徒彼得說：「所以要約束你們的心，謹慎自守，……不要效法從前蒙昧無知的時候，那放縱私慾的樣子。那召你們的既是聖潔，你們在一切所行的事上也要聖潔。」保羅說：「凡是真實的、可敬的、公義的、清潔的、可愛的、有美名的。若有什麼德行，若有什麼稱讚，這些事你們都要思念。」人若要做到這一點，就必須懇切禱告、儆醒不倦。必須有聖靈住在心裡，祂就能幫助我們，使我們的心意高超，並訓練我們的心時常思念純正和聖潔的事，且要殷勤地研究上帝的聖言。「少年人用什麼潔淨他的行為呢？是要遵行你的話。」詩人說：「我將你的話藏在心裡，免得我得罪你。」（《先祖與先知》第 456、457 頁）

塑造基督化的品格

本篇係懷愛倫師母最後於病中給予本會青年的勉言：

有許多極其重要的書籍，我們的青年竟漠然不顧。這些書籍之所以被忽視，乃因其不像其他較為輕鬆的讀物津津有味。

我們應當勉勵青年選擇一些足以建立基督化品格的讀物。本會信仰的基本要點，應當銘刻在青年人的記憶裡。他們雖已瞥見這些

真理，卻還未充分認識，使他們在這些問題的研究上持續追求。我們的青年應當閱讀那能在心靈上發揮健全、聖潔作用的文字。他們需如此做才能辨明何為真實的宗教。

現今正是我們為青年人作工的時機。要告訴他們：現正處於嚴重危機之中，因此我們必須明白如何辨識真實的敬虔。我們的青年需要得到幫助、提拔和勉勵，但須採用適宜的方式；雖未必能迎合他們的心願，但終必幫助他們得著聖潔的心智。他們需要純正、使人成聖的宗教信仰，甚於其他事物。我不指望再存活多久。我的工作已近尾聲。要告訴我們的青年人：我希望這些話能鼓舞他們，選擇活出最能吸引上天諸智者注意的生活，希望他們也能活出最高尚的、對於別人的感化力。

我曾在夜間夢見自己在挑選並拋棄一些對青年人沒有益處的書籍。我們應當為他們選擇一些足以鼓勵他們誠懇為人，並敦促他們研究《聖經》的書籍。過去我常受這件事指引，所以我想我應向你們提述並加以強調。我們真不該把沒有價值的讀物提供給青年人，他們所需要的乃是那足使心靈蒙福的書籍。這些事太遭忽視了；故此我們的同道應多瞭解我所說的這些話。

我渴望我們的青年人可以得到適宜的讀物。我們必須定睛注視真理宗教的優美，必須經常敞開心門和思想，領受上帝聖言中的真理。撒但經常攻擊人於不備。我們不可因警告的信息已經傳過一次即以為足，務必要傳了再傳。

　　我們可以發起一種極有興趣的讀書運動，而使之吸引並影響許多人。如果我的壽命得蒙延續而能繼續作工，我將欣然協助為青年寫作書籍。需為青年做一番工作，使他們的心意受到上帝使人成聖之真理的印記與塑造。我誠願我們的青年人能明瞭因信稱義的真義，以及那能幫助他們預備承受永生的完美品格。我不指望能再存活很久，所以我為青年人留下這信息，勸他們不應使自己所立的目標有所偏差。

　　我勸弟兄們要勉勵青年時常高舉上帝的可貴和美德。要時常工作與祈禱，以求體驗真信仰的可貴。要高舉上帝的恩典與聖潔的可愛之處及其福惠。我時常為此擔心，因為我知道此事已被人忽視了。我不確知我的生命會延長多久，但我自覺已蒙主悅納。祂知道我在看見一般所謂基督徒的低劣生活標準時，心中是如何傷痛。我感覺真理彰顯在生活中乃是必要的，而且見證也應傳給眾人。我要你們盡一切可能將我的著作傳遞在國外人士的手中。要告訴青年們已享有許多屬靈的權利。上帝要他們認真努力，將真理傳給眾人。我深深感覺我有特別的責任要講述這些事。（《基督教育原理》第 547-549 頁）

音樂的益處

　　頌讚的旋律原是天庭的氣氛；當天地互相接觸之時，便產生出「感謝和歌唱的聲音」來。在那最初被創造安放，美麗無罪的地球上，上帝的笑容之下，「晨星一同歌唱，神的眾子也都歡呼。」

人們的心也這樣隨聲響應，頌讚上帝的善良。人類歷史上的許多事件，都是以詩歌流傳的。

音樂是寶貴的恩賜

《聖經》論及詩歌的歷史，對於音樂與詩歌的功用及效益，都給人充分的提示。音樂往往被誤用，因此便成了一種最足以引誘人的利器。然而音樂若正當運用，原是上帝給予一種寶貴恩賜，目的在提高人的思想，使其思想高尚尊貴的事，並提升人的心靈。

以色列民行經曠野的時候，怎樣藉聖歌的樂曲來激勵行程；照樣，上帝也吩咐祂現今的兒女，使之對在世為客旅的生活感覺快樂。很少有別的方法較比將上帝的話語編入詩歌之中反復吟詠更易於記憶。這樣的詩歌具有不可思議的能力，足以克服那粗魯而未經教養的本性，亦能激起思想並引起同情之心，促進行動和諧一致，並排除那使人灰心喪膽的憂傷與恐懼。

音樂乃是將屬靈真理銘刻人心最有效的方法之一。人遭受壓迫以致失望之時，往往會想起一些上帝的話，或幼年所歌唱、久已忘卻的詩，於是試探就頓時失效，生命就顯出新的意義和新的目的，反而能將勇敢與喜樂轉授他人。以詩歌作為教育工具的價值是不可忽視的。家庭中應有歌唱，當唱一些清新悅耳的詩歌，免除許多斥責的話，就能增加不少希望與歡樂。學校中也當有歌唱，學生就必更加與上帝及教師親近，同學彼此間也必更加親近。

　　唱詩也是宗教儀式的一部份，與祈禱在敬拜上佔有同等地位。有些詩歌實際上就是祈禱。若教導兒童明瞭這事，他就必想到更多所唱歌詞的意義，也必更多受其能力的感化了。當我們的救贖主領我們走到那充滿上帝榮耀的天國之門的時候，我們就可聽見那在寶座周圍的天上詩班所唱的頌讚與感恩之歌；當我們在地上家庭中響應天庭的歌聲時，我們的心就必與天上的歌唱者格外接近。與上天的交往須從地上開始實行。我們必須在地上學習那頌讚的聲調。

（《教育論》第 155-166 頁）

音樂的功用

　　把音樂用在聖潔的活動上，能使人的思想升到純潔、高尚和優雅之境，並且在人心中喚起敬虔和感激上帝的意念。古時的這種風俗，和今日濫用音樂的情形是多麼不同！有多少人用音樂的天才高抬自己，沒有用來榮耀上帝。愛好音樂的心理，常引誘人不知不覺地在上帝禁止祂兒女去的遊樂場所裡，與愛好世俗的人聯合。那原可正當運用藉以獲益的恩賜，倒成了撒但最有效的工具，使人轉離本分，不去默想永恆的事。音樂乃是組成天庭中敬拜上帝的聖禮之一，所以我們讚美歌唱時應當努力追求與天上的詩班相和諧。對發音和歌唱的訓練，乃是教育中不容忽視的重要部分。音樂乃舉行虔敬禮拜的要素，與禱告同是敬拜上帝的行為。唱詩的人必須從內心體驗詩歌的靈意，才能正確地發表出來。（《先祖與先知》第 604 頁）。有一些人特別賦有歌唱的才能，而且有時一人獨唱，或是幾個人合唱，也足以傳達特別的信息。唱歌的才能是有影響力的天賦，所以

上帝要人人都加以培養，並用以榮耀祂的聖名。（《教會證言》卷七，第115、116頁）

與天上的樂隊唱合

世人以心靈和悟性歌唱時，天上的樂隊也必同聲響應合唱感恩之歌。那位厚賜一切天賦使我們能與上帝同工的主，期望祂的僕人都要訓練自己的聲音，使他們在發言或歌唱時，人人都可以明白。所需要的不是大聲唱，但需要清晰的音調、正確的發音和清楚的咬字。人人都應用功練習，以便用清楚、柔和而不刺耳的聲音來讚美上帝。歌唱的才能乃是上帝的恩賜；要用來榮耀祂。在舉行聚會時，可選出一些人來參加詩歌崇拜。唱詩時要安排擅於樂器的人伴奏。我們並不反對在我們的事奉上利用樂器。這一部分的事奉應當慎重地處理，因為這是用詩歌頌讚上帝的服事。歌唱不應常常只由少數幾個人擔任。當儘可能地常讓全體會眾參加。（《教會證言》卷九第143、144頁）凡從充滿敬愛並效忠上帝的心所發出來的頌讚詩歌，都是榮耀上帝的。（《教會證言》卷一第509頁）

音樂的誤用

天使正在住宅的四周翱翔。有青年人在那裡聚集，並有歌唱和奏樂的聲音。聚在那裡的乃是一群基督徒，但你聽到的是什麼呢？是一首在舞廳使用的歌曲小調。看呀！純潔的天使收斂了他們的光輝，黑暗便籠罩著屋裡的人們。眾天使都面帶愁容地離開這個場合。我看見這種情景發生在守安息日的信徒中。音樂竟佔據了那

應當用作禱告的時間。音樂竟是許多自稱守安息日的基督徒所崇拜的偶像。撒但能將音樂變成他影響青年思想的媒介，他並不反對音樂。凡足以使人心轉離上帝並佔據那本應用來為上帝服務的時間，都正中他下懷。他常利用一些能對大多數人產生影響力的方法，使他們一面感到愉快，同時也被他所麻痺。音樂若在正當的運用之下乃是一種福惠，但它卻經常被利用為撒但最動人的陷害生靈工具之一。音樂既被妄用了，就使一切未曾獻身的人趨於驕傲、虛浮與愚妄。一旦用來代替靈修與祈禱，它就成為可怕的禍患了。青年聚集歌唱，他們雖自稱是基督徒，卻常因他們輕佻的閒談和選的音樂而侮辱了上帝和自己的信仰。聖樂並不合他們的口味。我蒙指示，注意到那被人忽略的上帝聖言明白的教訓，在審判時，這些默示的話必要定一切凡不聽從之人的罪。（《教會證言》卷一第 506 頁）

音樂為行善的能力

音樂能成為一種行善的大能；可惜我們尚未使這方面的崇拜竭盡其用。歌唱大都由於情感衝動，或是用以應付特殊情形，並且因為有時那些唱的人竟隨處唱錯，以致音樂在會眾的心上失去了正當的效力。音樂應當有美、有情、有力。當揚聲歌唱讚美祝禱的詩歌。倘若可行，你們當配以樂器，使那宏偉、讚美的歌聲成為蒙悅納的供物，升達上帝面前。（《教會證言》卷四第 71 頁；見《證言精選》第一輯第 457 頁）

第十篇

論管家

　　不論你的才能如何微小，上帝總有使用的地方。那一千銀子若聰明運用，就必完成所指派的工作。藉著在小事上的忠心，我們正是為加添自己才能的計畫而工作，上帝也必在那使我們才能增多的計畫上動工。這些小事將在祂的工作上發揮最寶貴的影響。（《天路》第316、317頁）

節儉的功課

　　論到青年人因學習節儉與克己的教訓而得著襄助上帝聖工的特權，有許多可對他們講的話。許多人縱情於某種享樂，而且為了如此，他們甚至慣於耗盡全部的收入。上帝要我們在這一方面力圖改善。我們若只以吃喝穿戴為滿足，便是害了自己。上帝有更崇高的事擺在我們面前。我們一旦樂意放棄自私的慾望，並獻上身心所有的能力從事上帝的聖工，天上的諸智者就必與我們合作，使我們成為人類的福惠。

為佈道事業儲蓄

　　一個青少年雖然貧窮，但是他若勤儉，就必能為上帝的聖工而儲蓄。我在年僅十二歲時就已學會節約。我同姊姊學會了一種手藝，雖然我們每天能賺的錢微乎其微，但還能從這個數目中積蓄一點錢捐作佈道聖工之用。我們積少成多，終於有了三十塊錢。及至救主快來的信息傳到我們這裡，並且勸人獻身捐款時，我們便欣然

將那三十塊錢交給父親，來購買傳單小冊，以便將信息傳給那些仍在黑暗中的人；我們也覺得這乃是我們的特權。凡與聖工有關聯的人，都有學習節省時間與金錢的義務。懶惰成性的人表明他們不重視那所託付的榮耀真理。他們需要在勤儉的習慣上受教，學習專以上帝的榮耀為念而從事工作。

克己犧牲的奉獻

凡在使用時間與金錢的事上沒有正確判斷的人，應求教於有經驗的人。姊姊和我也曾用我們靠手工賺得的錢為自己購買衣服。我們將錢交給母親說：「請您買吧，但為我們買了衣服之後，要省出一點錢來捐助佈道工作。」於是母親就如此做了，藉此鼓勵我們發揚佈道的精神。那出於克己犧牲的奉獻，對於奉獻的人仍是奇妙的幫助。此舉具有一種教育性，幫助我們更充分體會主的工作，祂周遊四方行善事，解救受苦的人，並幫助窮人的需要。救主不求取悅自己而生活，祂的生平毫無自私自利的痕跡。祂雖然來到自己創造的世界上，卻沒有要求一處地方做為自己的家。祂說：「狐狸有洞，天空的飛鳥有窩，人子卻沒有枕頭的地方。」

才能的正當運用

如果我們將自己的才能獻上做最佳的運用，上帝的靈必不住地引導我們發揮更大的效能。主對那曾忠心使用所賜銀子營利的人說：「好，你這又良善又忠心的僕人；你在不多的事上有忠心，我要把許多事派你管理，可以進來享受你主人的快樂。」主原指望那

領一千銀子的人也克盡自己的力量。如果他將他主的財物用來作買賣，主就必使銀子增多。上帝已經「按著各人的才幹」派定工作。上帝有我們各人才幹的量度，也知道應當將什麼交託我們。關於那忠心的人，有命令發出說要將更重要的責任交託給他。他如忠於所託，就另有吩咐說，再交給他更多的責任。如此，他便要靠著基督的恩典漸漸生長，滿有基督耶穌長成的身量。

你只有一千銀子嗎？要把它交給兌換銀錢的人，藉著聰明的投資而使之增加到兩千。凡是你手所能做的，總要盡力去做。要十分聰明地運用你的才幹，以便完成所指派的任務。聽到那最後向你說「好」的稱讚，乃是值得你付出任何代價。但這一句「好」，只向那些已經做得「好」的人而講。

機不可失

青年們，你們沒有可供荒廢的時日了！要殷切努力地用堅固的材料建造你們的品格。我奉基督的名勸你務要忠心。要愛惜光陰。要每日獻身為上帝服務，你們就必發現其實不需要很多假期用於休閒，也不需要很多錢用來滿足自己。上天正在注視著凡力求進步，並按照基督的形象而受陶冶的人。世人一旦順服基督，聖靈就必為他成就一番偉大的工作。每一位忠實並為上帝自我犧牲的工作者，必是樂意為他人而輸財盡力的。基督說：「愛惜自己生命的，就喪失生命，在這世上恨惡自己生命的，就要保守生命到永生。」真正的基督徒藉著熱誠而體貼的努力幫助需要幫助之處，就表現出他對

於上帝和同胞的愛。他或許因聖工而犧牲，但在基督降臨來將祂的珍寶收歸自己時，他就必重獲生命。（1907 年 9 月 10 日《青年導報》）

犧牲的報償

凡用來造福他人的錢財必定有所報償。財富運用得當，就必成就偉大的善事。必有人被引領歸向基督。凡遵循基督生活計畫的人，必將在上帝的院中看到他在地上曾經勞苦犧牲所拯救的人們。得贖的人也必滿心感激地記念那些曾經在他們得救的事上出力幫助的人。在救人工作上忠心的人，必要感覺到天國是極其寶貴的。（《天路》第 331 頁）

克己犧牲的精神

世界上充斥著貪愛錢財、追求高位和優薪的風氣。往昔克己犧牲的精神已屬罕見，但這卻是真實跟隨耶穌之人的精神。我們神聖的主已經為我們留下榜樣。對於祂所囑咐「來跟從我，我要叫你們得人如得魚一樣」的人，祂沒有應許一定的薪俸作為他們的酬勞。他們乃是要在祂的克己犧牲上有分。

凡自稱跟從那位偉大事工的領導者，並且參加祂的服務、與上帝同工的人，必須在工作上表現出全備，就如上帝在建造地上聖所時所要求的技能與機智、聰明和精確。現今像基督在世上工作的時候一樣，對於上帝的忠誠以及犧牲的精神，應視為蒙祂悅納之服務的先決條件。上帝決意不容有一絲自私自利的線交織在祂聖工之

中。（1906年1月4日《評論與通訊》）謙卑、克己、仁慈和忠心獻納什一，這些都證明有上帝的恩典在心中運行。（《衛生勉言》第590頁）

十分之一

耶穌宣告祂降世所行的偉大工作，已經交託給祂在地上的門徒。我們的元首基督領導這救贖大工，並囑咐我們效法祂的榜樣。祂已交給我們一個普世性的信息，這個真理必須廣傳至各國、各方、各民。撒但的勢力必會受到抗拒，且要被基督和祂的門徒擊敗。要對黑暗的權勢保持作大規模的戰爭。為求有效地進行這項工作，自然需要財物。上帝不打算直接從天上送來財物，但祂已將錢財交在祂信徒的手中，正是作為支援這場戰爭之用。

祂已賜給子民一個籌集款項使這項事業足以自養。上帝所訂定的什一，妙在其簡單和公平性。人人都可憑信心和勇敢持守這個計畫，因為它的來源是神聖的。它也是簡明實用的，毋需高深的學問去明瞭就可以實行。人人都可在推進寶貴的救恩工作上盡自己的一份心力。每一男女及青少年都可成為主的司庫，並可作應付庫房需要的經理人。使徒說：「各人要照自己的進項抽出來留著。」這個制度要達成偉大的目標。倘若人人都肯接受這一計畫，那麼每一個人都必成為上帝的儆醒而忠實的司庫；這樣，就不會缺少財物去推進向世界宣揚最後警告的大工了。如果人人都採納這個制度，庫房就必充裕，而奉納的人也絕不致變為窮乏，卻必因每一次的投資，而與宣揚現代真理的工作締結不解之緣。他們乃是「為自己積成美

好的根基，預備將來，叫他們持定那真正的生命。」(《教會證言》卷三，

第 388、389 頁)

承認上帝的主權

　　民眾從一切進項之中，不論是從果園與田地、牛群與羊群、或從勞心或勞力的工作上，都抽出十分之一獻與上帝；另外再取十分之一專供賙濟窮人和其他慈善事業之用。這種辦法乃是使民眾時常記得萬有都屬乎上帝，以及他們有機會做祂福惠之通路的道理。同時這也是一種訓練，用以除滅一切吝嗇的自私，而養成一種寬大高尚的品格。(《教育論》第 40 頁)

屬於上帝

　　「十分之一是耶和華的。」這裡所用的口氣，與安息日的律法相同。「第七日是(向)耶和華你上帝(當守)的安息日。」上帝在世人的光陰和財產之中，指定為祂自己保留了一部分；無論何人若將它拿來為自己私用，絕不能算他為無罪。(《先祖與先知》第 525 頁)

『你要以財物……尊榮耶和華』

　　「你欠我主人多少？」我們是否要從上帝手裡領受諸般福惠，而對祂毫無報答，甚至連祂為自己保留的十分之一都不獻給祂？世人一貫的作風乃是事事偏離自我犧牲的路，轉向於自我享受的途徑。然而我們是否也要不斷地漠然領受祂的恩眷，而對祂的大愛卻毫無報答呢？

　　親愛的青少年，難道你們不願作上帝的傳道者嗎？你們願不願學習——雖然以前從未試過，這向主奉獻的寶貴教訓，將祂白白賜給你們享用的一部分送入倉庫呢？凡你所領受的，要從其中取出一部分歸還那厚賜百物的主作為感恩祭。也要將一部分送入倉庫，作為推進國內外佈道工作之用。

積財於天

　　上帝的聖工應該是我們密切關心的。那已經給某一家庭帶來幸福的真理之光，如果經過父母和子女的傳揚，就必照樣給其他的家庭帶來莫大的幸福。但是人們若將上帝厚賜的豐盛恩惠據為私有，那麼他們將必經受上帝的咒詛以取代祂的恩惠，因為主已經如此申示。上帝的要求必須高於其他任何要求，並且必須儘快履行。其次就是貧苦窮困的人需得到照顧。無論我們自己將付出多少的代價或犧牲，總不可疏忽這些。

　　「使我家有糧。」我們的本分乃是凡事——在吃、喝和穿著上都要有節制。我們在自己家庭的房舍及佈置上也應考慮；不但要存心在十分之一上，也要儘量在禮物和捐獻上，將屬上帝的歸還給祂。人人都可將主所指定屬祂自己的分以及其他供物捐獻，一併納入祂的庫中，藉此為自己積財寶在天上。凡誠心求問上帝對於他們所認為是屬於自己的財物有何要求的，應當查考舊約《聖經》，了解以色列人在行過漫長的曠野旅程中，那位看不見的領袖基督對祂的子民在這方面有何指示。我們個人應寧願忍受一切的不便，或遭

遇何等的貧困，而絕不奪取那原應送入上帝家中之物。凡是閱讀
《聖經》的人和相信《聖經》的人，都必對於這事「耶和華如此說」
的話有明智的認識。

無可推諉

在那日，當各人要照他本身所行的受審時，人們現今因為自私
而扣留主所應得的十分之一、禮物和捐獻，所提出的種種藉口，都
必像朝露在陽光下一般消散無蹤。若那時猶為未晚，許多人肯定能
欣然回頭，重新建造自己的品格！可惜那時凡曾經每週、每月、每
年奪取上帝之物的人而被寫下的紀錄，要想再更改已經太遲。他們
的命運已經決定，無法改變了。……自私乃是一種致命的罪惡。專
顧自己和漠視上帝與人類立約的明確條件，拒絕作祂忠心的管家，
已導致上帝的詛咒臨到，正如祂所宣稱的一樣。這些人已使自己與
上帝隔絕；並因自己的言論和榜樣也使別人漠視上帝的吩咐，以致
祂不能將祂的福惠賜給他們。

十分之一

主已明白指示：你們一切財產的十分之一乃是我的；你們的奉
獻和祭物必須送入倉庫，用以推進我的聖工，派遣傳道人去向那些
坐在黑暗中的人們闡明《聖經》。既然如此，有誰敢冒險扣留上帝
的財物，像那不忠心的僕人一樣將他主人的錢財埋在地裡呢？我們
是否要像這個人一樣，想為自己的不忠實辯護，而埋怨上帝說「主
啊，我知道你是忍心的人，沒有種的地方要收割，沒有散的地方要

聚斂；我就害怕，去把你的一千銀子埋藏在地裡；請看，你原來的銀子在這裡」？我們將感恩捐奉獻給上帝，不是更好嗎？ (1897 年 8 月 26 日《青年導報》)

個人的責任

我們的天父向我們所要的，與祂所賜給我們的能力相比，不會顯得過多或不足。祂放在祂僕人身上的負擔，沒有一樣是他們力所不及的。「因為祂知道我們的本體，思念我們不過是塵土。」祂從我們所要求的一切，乃是我們靠著神聖的恩典所能交付的。

「因為多給誰，就向誰多取。」我們所做的若比我們能做的少，就必須自行負責。主要仔細地衡量每一服務的機會。那未經使用的才幹也要和那曾經使用過的一同清算，上帝要我們為那凡藉著善用才幹可能獲得的成就負責。我們將要按照我們當完成之工作受審判，其中未能完成的，乃是由於我們並沒有盡我們的能力去榮耀上帝。即或我們不致失去靈命，我們也要永遠感受到那未經使用之才幹的後果。那一切我們可能獲得而未曾獲得的才能和知識，將要成為一種永久的損失。

然而我們若將自己完全交託給上帝，並在我們的工作上遵照祂的指示，上帝就要為工作的完成親自負責。上帝不要我們推測努力的成果，失敗的思想也一次都不可有。因我們乃是與一位永不失敗的主合作。

我們不應談論自己的軟弱或無能。這乃是對上帝的不信任和否定祂的話。我們若為自己的負擔而怨歎，或拒絕祂所要我們擔負的責任，實際上我們就是在表示祂是一位苛刻的主人，要我們做祂未曾賜給我們力量去做的事。（《天路》第 320、321 頁）

金錢的價值

我們的錢財，不是為要尊榮我們自己而賜予的。我們身為忠心的管家，理應使用錢財來尊榮上帝。有的人以為他們的財產只有一部分是屬乎主的。當他們將一部分劃出來為宗教和慈善事業之用後，其餘的他們就看為是自己的了，可以任憑自己使用。但他們這種看法錯了。我們所有的一切都是主的，也要為金錢的用途向祂交賬。在每一分錢的用途上，都可以看出我們是否以愛上帝為至上，並愛鄰舍如同自己。

金錢具有重要的價值，因為它能成就極大的善事。它在上帝兒女們的手中，就是饑餓者的糧食，口渴者的飲料，和赤身者的衣服。它是受壓迫者的防禦，也是患病者的救藥。但是金錢唯有用在供給生活的需要、造福他人，並推進基督聖工上，才有價值，否則它就等於糞土。（《天路》第 307、308 頁）

節日送禮

在這件事上，我們最好想一想每年我們為節日耗費了多少錢？且是專為饋贈禮物給那些並無此需要的人。風俗習慣的影響是如此

的根深柢固，甚至每年節期我們若不以禮物饋贈親友，就似乎是疏遠了他們。但願我們記住：我們天上仁慈的施恩主對於我們的要求，遠勝於我們任何世上的親友。在行將來臨的節期中，我們豈不應將禮物獻給上帝？就連小孩子也都可以參與這種工作。將衣服和其它有用的東西贈與值得幫助的窮人，如此便為主成就了善工。

放縱自己的罪惡

我們當記住：慶祝聖誕節是了記念世界救贖主的誕生。通常在這一天大吃大喝，往往就是浪費巨款於無謂的縱慾之中。放縱食慾和肉體的享樂乃是損害體力、智力和道德力的。然而這竟然已成了習慣。驕傲、時尚和食慾已吞沒無數金錢，而無一人獲得實質的好處，反倒助長了上帝不喜悅的浪費。在這些節日中榮耀的乃是自己，而不是上帝。犧牲了健康，耗盡了錢財，使許多人竟因貪吃或敗德的放縱，以致喪失了生命，而靈命也因此陷於淪亡。

上帝的兒女若願享用簡單美味的飲食，而將祂所交託他們的財物或多或少作為捐獻送入祂的倉庫，用以將真理的亮光傳給那些處於錯誤之黑暗中的人們，則上帝就必因而得著榮耀了。弱小的孤兒和寡婦也可因那足以增進溫飽的饋贈而滿心歡喜。

奉獻給上帝的禮物

但願一切自稱相信現代真理的人，都能夠計算自己每年——尤其是在節日中，已耗費了多少錢是用以滿足自私和不聖潔的慾望，

又有多少是用來放縱食慾，耗費於與人相比較而非基督化的炫耀上。要把一切不必要的開支統計一下，然後算算可能節省多少當作禮物為上帝的聖工獻上，而無損於自己的身心。無論是小錢或是更多的捐款，都可以照著施與者的力量送入倉庫，未減輕教會負重的開銷。況且還須派傳道士進入新地區，其他在各工作地區的人也需要資助。（1878 年 11 月 21 日《評論與通訊》）

衣著的節約

上帝的子民應在金錢的支配上努力節約並奉獻與祂，說：「我們把從祢而得的獻給祢。」他們向上帝獻上感恩捐藉以報答從祂領受的福惠，如此也為自己積儹財物在上帝寶座旁。屬世的人常用大量的錢為自己購置衣服，那錢原應用在饑寒交迫之人身上使其獲得溫飽。基督為之捨命的人當中有許多僅有最粗俗的衣服，其他人則耗費數以萬計的金錢來力圖滿足那永無止境的時尚欲求。

主已經吩咐祂的子民要從世人中出來，與他們有分別。華麗或貴重的衣服，在相信我們正處於寬限時期即將結束之人乃是不合宜的。使徒保羅曾寫道：「我願男人無忿怒、無爭論，舉起聖潔的手，隨處禱告。又願女人廉恥、自守，以正派衣裳為妝飾；不以編髮、黃金、珍珠和貴價的衣裳為妝飾；只要有善行，這才與自稱是敬畏上帝的女人相宜。」

就是在那些自稱是上帝兒女的人中，也有人在衣著方面無異於

那些無謂浪費之人。我們固然要在服裝上整潔高雅，但在購置自己和兒女們的衣服時，總要設想到主的葡萄園中急待完成的聖工。購買品質好的衣料原是理所應當的，但毋需添加華麗的裝飾。凡任意這樣做的，乃是將那原應供給聖工的錢財用來滿足自我。

那使你在主眼中得蒙看重的，並不是你的衣服。上帝所重視的乃是內在的妝飾，出自聖靈的美德、恩慈的言語和體貼別人的心。要免去不必要的點綴裝飾，將省下來的錢用來推進上帝的聖工。

上帝喜悅克己的精神

要學習克己的教訓，並用以教導你的兒女。凡你所藉著克己而節省的金錢，都是現在急待完成的工作所需要的。受苦受難的人必須得到救助，赤身露體的人必須得到衣服，饑餓的人必須得到飲食；現代真理必須傳給不明白的人。

我們是基督的見證人，所以不可讓俗務佔據我們的時間和注意力，以致我們不重視上帝所說務必置於首要的事。「你們要先求上帝的國和祂的義。」基督曾將祂所有的一切用在要完成的工作上，故此祂對我們說：「若有人要跟從我，就當捨己，背起他的十字架，來跟從我。」如此行「你們也就是我的門徒了。」基督曾甘心樂意地獻己奉行上帝的旨意。祂存心順服以至於死，且死在十字架上。難道我們還感覺到克己是一件艱苦的事嗎？還畏縮不與祂的苦難有份嗎？祂的死應振奮我們全部的身心，使我們欣然將自己和所有的一切奉獻給祂的工作。我們思念祂為我們成就的一切，心中就應充

滿了愛。何時凡明白真理的人實踐《聖經》中所吩咐的克己精神，信息就必有力地傳開了。主也必垂聽我們為救靈而獻上的祈禱。上帝的子民必使自己的光照耀出去，不信的人既看見他們的好行為，就必將榮耀歸給我們在天上的父。（1910年12月1日《評論與通訊》）

炫耀的愛好

愛好虛飾能產生奢侈浪費的行為，許多青年因此就打消了要過高尚生活的抱負。他們寧可不去求學，反倒很早便去謀事就業，為的是要賺錢來放縱滿足自己的愛好。有許多青年因這樣的慾望，以致受欺而身敗名裂。（《教育論》第239頁）簡單樸素應作為一切相信現代真理之人的住宅和衣著的特徵。在穿戴和房屋的裝飾方面，一切不必要的開支，都是浪費主的錢財。這乃是詐取聖工的利益以滿足驕傲。（《教會證言》卷一第189頁）

首要的事居首

凡親歷浸禮的人，就已經親自許願要尋求上面的事，「那裡有基督坐在上帝的右邊；」又許願要誠摯地為搶救罪人而勞碌。上帝垂問那些稱奉祂名的人說：「那藉著我愛子的死而得蒙救贖的能力，你們現在是如何使用的？你們是否竭盡所能的在屬靈的悟性上達到更高的程度？你們的心意和行動是否與永恆的重大要求相符？」

但願在上帝的子民中興起一番改革。「所以你們或喫、或喝，無論做什麼，都要為榮耀上帝而行。」凡主已託付聖工重任的人，

都正在為宣揚此一信息而奮鬥，使行將在愚昧無知中滅亡的生靈得到警告。你難道不能藉著克己的行為，做一些協助他們工作的事嗎？務要覺醒，並以無私的熱忱和誠摯，顯明你是真正悔改之人。

搶救生靈的工作需要金錢的支援。集涓涓細流而成巨川。我們將那原應用以宣揚最後警告的金錢，挪作追求自私的享樂，便是盜用了上帝的財物。如果你將上帝的錢財用來滿足自己，你怎能指望祂繼續將祂的財物交託你呢？那些錢原可用來購買閱讀的材料，送給困於黑暗無知的人們之中。上帝所賜給我們的真理必須傳給世人，從事此一工作的特權已賜給我們，我們要在各水邊撒播真理的種子。主命令我們要實行克己犧牲。福音要求完全的獻身。聖工需要我們儘量捐獻。

克己的職責

我們的教育機構都需要感受上帝聖靈的變化之能。「鹽若失去了味，怎能叫它再鹹呢？以後無用，不過丟在外面，被人踐踏了。」凡在本會學校和療養院內作教師的，均應達到獻身的最高標準。而在這些機構中準備出去作傳道的學生，也應學習實行克己。我們都是上帝的管家，而「所求於管家的，是要他有忠心。」上帝所交託我們的金錢應該予以妥為保管。我們應將上帝所賜給我們的才能作最好的使用，藉此增進工作效能，以便在祂降臨時，我們可以將祂自己的財物連本帶利還給祂。（1907 年 6 月 13 日《評論與通訊》）

節儉與慷慨

　　許多人蔑視節儉，認為這與吝嗇及狹隘並無不同。然而節儉與最大的慷慨是並行不悖的。實際說來，沒有節儉便不可能有真正的慷慨。我們必須節省，才能施捨。人若不力行克己，就無從慷慨。惟有樸素克己的生活和精明的節儉，才能使我們成全那指派我們作基督代表的工作。驕傲和世俗的野心，必須從我們的心中掃除。在我們一切的事工上，都必須遵行基督一生所顯示的無私原則。在我們家中的牆壁上，所掛的圖畫，所用的陳設佈置，我們要念到：「將飄流的窮人接到你家中。」在我們的衣櫥上，要看到有如上帝親手所寫的：「見赤身的，給他衣服遮體。」在餐廳裡那擺滿著豐富食物的桌子上，我們應看見有字跡留著：「不是要把你的餅，分給飢餓的人嗎？」

敞開有為之門

　　千萬有為之門在我們前面敞開著。我們時常感嘆著可供使用的資源不足，但基督徒若徹底認真熱心，他們就能使資源千倍增加。那阻礙我們充分發揮有為之途的，乃是自私與自我放縱。有多少金錢已浪費在華貴的房屋和傢飾上？又有多少已耗費在自私的享樂、奢侈而無益於健康的食物並種種有害的放縱上？自稱為基督徒的人，現今在一些不必需但往往有害的事物上所花費的金錢，遠超過他們所用來搶救生靈脫離試探者的數目。許多自稱為基督徒的人，花費許多錢在購買衣服上，以致沒有餘款去幫助別人的急需。他們

認為自己必須有貴重的妝飾和奢華的衣著，而對於那些連最質樸的衣著都難以購買之人的需要卻視若無睹。

收拾零碎

　　基督吩咐我們：「把剩下的零碎收拾起來，免得有糟蹋的。」現在死於飢荒、流血事件、瘟疫及火災的人，日以萬計，凡愛同胞的人都有責任要留心不可糟蹋、不可浪費資源，使其可造福人群。浪費光陰、浪費智力，都是不應當的。凡用來專顧一己之私的每一分鐘，都是浪費的。我們若能珍惜並善用時間，就不愁沒有時間從事一切為自己為世人所應做的事。每一個基督徒都要在光陰、金錢、精力和所有機會的使用上，尋求上帝的引導。「你們中間若有人缺少智慧的，應當求那厚賜與眾人也不斥責人的上帝，主就必賜給他。」（《**服務真詮**》第 206-208 頁）凡已將心完全獻給上帝，並以祂聖言為指南的人，就必曉得如何善盡人生的一切義務。他們必向那心裡柔和謙卑的耶穌學習；而且他們在培育基督柔和的性情時，就必向無數的試探緊閉心門。（《**基督教育原理**》第 152 頁）

聖經教導
年輕人的
(告青年書籍節版)
15
堂課

第十一篇
家庭生活

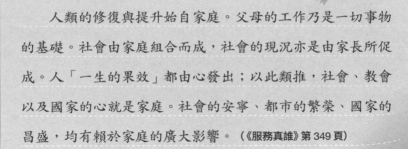

人類的修復與提升始自家庭。父母的工作乃是一切事物的基礎。社會由家庭組合而成,社會的現況亦是由家長所促成。人「一生的果效」都由心發出;以此類推,社會、教會以及國家的心就是家庭。社會的安寧、都市的繁榮、國家的昌盛,均有賴於家庭的廣大影響。(《服務真詮》第349頁)

基督化的家庭

那些自稱愛上帝的人應當像古時的先祖一樣,無論在何處都要搭起帳棚,為耶和華築一座壇。現在正是使每一個家庭成為禱告之殿的時候。為人父母的應當時常敞開心門,謙卑地為自己和兒女向上帝懇求。父親務要作家庭的祭司,早晚向上帝獻祭,母親和子女應與他一同祈禱讚美。在這樣的家庭裡,耶穌定會歡喜停留。

基督徒的家庭都應當發出聖潔的光輝。愛心應當以行動表現,亦應當在家庭的一切關係上,並在親切的恩慈和溫柔無私的禮貌中流露出來。如今已有一些家庭展現了這些美德,就是那敬拜上帝並存有真誠愛心的家庭。從這些家庭中,早晚的禱告猶如馨香升到上帝面前,祂的慈愛和宏恩必賜給求告的人,如同早晨的甘露一般。

一個遵從主話的基督化家庭,乃是基督徒信仰的有力證明,就連不信上帝的人也無從反駁。人人都能看出有一種影響兒女的感化

力在這樣的家庭中運行著，也可以看出有亞伯拉罕的上帝與他們同

在。（《先祖與先知》第119、120頁）

在家務上忠心

　　青少年所能從事的、最高尚的義務，乃是在自己的家庭中，藉著親情和真誠的關懷，使父母和兄弟姊妹蒙福。他們可以藉著照顧別人，以及為別人服務，表現克己和忘我的精神。任何子女絕不會因這種工作降低身分。這乃是他們所能擔任、最神聖高貴的職務。一個姊妹對於弟兄們能有何等大的感化力啊！如果她為人正直，她就能大大影響她弟兄們的品格。她的祈禱、溫柔和情感可以為整個家產生很大的作用。

　　我的姊妹，這些高貴的特質若不先存在於你自己心中，就無從傳給別人。那足以深入各人心中的知足、愛心、溫柔及愉快的性格，必因你所給予別人的而反映到你自己身上來。然而，若沒有基督在心裡作王，就必產生不滿和道德上的缺失。自私的心會要求別人給予我們所不願付出的。……

　　那試煉人心靈和需要勇氣的，不僅是大工作和大戰爭。每一天的生活都給人帶來許多困擾、試煉和灰心。卑微的工作經常需要忍耐和勇毅，人必須具有自信和決心，應付並制勝一切的困難。務要求主站在你身邊，作你隨在的安撫和慰藉。（《教會證言》卷三第80、81頁）

家庭的宗教

家庭的宗教乃是極為需要的，而我們在家中表現的言語、品格必須良好，否則我們在教會中所作的見證就毫無價值。除非你在自己家中也體現出溫柔、仁慈和禮貌，不然你的宗教信仰就必歸於徒然，真實的家庭宗教若能佔多數，那麼在教會中也必有更大的能力。

務要以溫和的言語溝通

講話急燥、衝動，在家庭中造成了何等大的禍害！因為一人的意氣之言，就導致他人報之以同樣的回應和態度，繼而引起了口角和爭辯。這些話勢必為你造成沉重而痛苦的軛，加諸在你的頸項上；因為這一切苦毒的言語必為你的心靈帶來悲痛的回擊。

凡是放縱話語的人必自感羞愧，繼而喪失其自尊與自信，也必因為喪失這種自制而深覺痛悔。如果這類的話從未出口，該有多好！若有恩典的油在心中，放下一切觸怒的原因，並以基督化的溫柔和寬容調解，那豈不是更好？

你如果願意履行上帝應許的條件，這些應許就必實現在你身上。你的意念若寄託於上帝，那麼在試探和試煉臨近的時候，你就必不至於從得意忘形之處墮入意氣消沉的低谷，也不會對人說懷疑和悲觀的話了。

撒但不能洞悉我們的思想，但他能觀察我們的行動，聽取我們的話語；並能根據他對於人類的長期認識、利用我們品格上的弱點來決定他試探的方式。我們的確時常讓他掌握住可擊敗我們的秘訣。惟願我們都可控制自己的言語和行為。我們言語的品質若能使我們在審判大日面對記錄而不羞恥，那麼我們將是何等地堅強！

（1913 年 2 月 27 日《評論與通訊》）

家庭乃是具體的例證

家庭的使命並不僅止於一家之人。基督化的家庭要成為具體的範例，表彰人生真正的原則之美。這樣的範例，必能在世上發揮為善的力量。一個真實的家庭所具有的潛移默化之力，要比任何演講有力得多。青少年從這樣的家庭出來，就能將他們所受的教訓傳給人。如此，更高尚的人生原則就能藉此推廣到別的家庭，而深刻的感化力也要在鄉里之間發生作用。（《服務真詮》第 352 頁）

家庭即學校

青少年不會因獻身為上帝服務變為意志薄弱或效能低微的人。「敬畏耶和華是智慧的開端」，在上帝看來，一個敬畏上帝的幼小孩童，要比一個學識淵博、卻疏忽救恩的人更偉大。凡將自己心靈和生命都獻給上帝的青少年，就能夠藉此使自己與一切智慧與美德之源產生聯繫。

日常的學習

兒童們若受教，把每日基本的事務當作是主為他們安排的課程，將其視為學習從事忠心有效之服務的學校，則他們的工作就必顯得更為愉快而高貴。人若能履行每一項義務，好像是給主做的，就必使最卑微的工作顯為優美，並使地上的工作者得與天上執行上帝旨意的諸聖者聯合。

所以，我們應在自己負責的崗位上，忠實履行各人的本分，正如天使在更崇高的範圍中所做的一般。凡感覺自己是上帝僕役的人，無論在何處都將是可靠的人，天國的子民也必成為地上最好的公民。我們若存有對上帝所應盡義務的正確觀念，就可對於同胞所有的義務有更清楚的認識。

母親的報償

審判一旦開始，案卷都必展開；偉大的審判主一旦宣布說「好」，並將永生的榮耀冠冕加在得勝者頭上時，許多人便要當著全宇宙的觀眾脫下冠冕，指著自己的母親說：「我能有今日，全是因她靠著上帝的恩典，所做的努力。她的教導、祈禱，使我得蒙永遠救恩之福。」

青年應受教導，成為罪惡世界的中流砥柱，盡全力制止罪惡的蔓延，並振興道德、純潔和真實的男子氣概。心志和品格在早年生活中所受的影響，乃是深刻而持久的。不智的教導或邪惡的社交，

往往會在幼時的心意中發揮為惡的影響，是日後一切的努力所不能
消除的。（1881 年 11 月 3 日《時兆》）

家庭教育的潛力

社會的前途，端視今日的兒童和青少年而定，而這班兒童和青
年的前途如何則全在乎家庭。那傷害人類的疾病、痛苦與罪行，追
根究柢，大部分都必須歸咎於缺乏正當的家庭教育。倘若家庭生活
純潔而真實，兒童在家中受到良好教養，出去的時候已準備好去應
付人生的一切責任和危險，那麼在世界上將會看見何等大的改變！
（《服務真詮》第 351 頁）

孝敬父母

凡欲真正跟隨基督的人，必須讓祂住在心中，在心裡尊祂為至
上。他們必須在自己的家庭生活中表現出祂的精神和聖德，向所接
觸的人表現出禮貌與和善。

許多作兒女的自稱明白真理，卻不向雙親顯出他們應受的尊敬
和愛戴，也很少表現愛父母的心，更不願尊重父母的意願，或竭力
分擔他們的憂愁與辛勞來孝敬他們。許多自命為基督徒的人，根本
不明白「當孝敬父母」的意思，也就很少明白這段經文的意義——
「使你的日子在耶和華你上帝賜你的地上得以長久」。

我們的青少年聲稱自己是守上帝誡命的人，然而其中卻有許多

人疏忽並干犯了第五條誡命；因此，那應許賜給凡遵守這誡、且孝敬父母之人的豐厚福惠，就不能實現在他們身上了！他們若不悔改自己的罪，靠基督的恩典改正自己的行為和品格，就絕不能進入新天新地，永居其中。凡不孝敬父母的人，也必不尊重並崇敬上帝。凡不孝順那敬畏上帝的父母之人，就是不順從上帝，因此也沒有進入應許之地的希望。

孝順與永生

青少年現今正在決定他們自己永恆的命運，所以我勸你們務要深思上帝那條附帶著應許的誡命：「使你的日子在耶和華你上帝所賜你的地上得以長久。」孩子們，你們希望承受永生嗎？那麼就當孝敬父母。……

你們過去若曾犯了不順從、不敬愛他們的罪，那麼現在就開始挽回過去的錯誤吧！你們採取任何其他途徑都是得不償失的；因為這對於你們意味著喪失永生。洞察人心的主深知你們對於父母抱持著什麼態度；因為祂正在天上聖所中的天平上衡量你們的德行。唉，承認你們並沒有善待父母，承認過去對他們的漠不關心，以及對上帝神聖誡命的蔑視吧！

你們父母的心曾以溫慈的同情眷念你們，你們怎能以冷漠、忘恩負義來報答他們的愛呢？他們疼愛你們的靈命，希望你們得救，但你們豈不是時常輕視他們的規勸，隨自己的心意嗎？你們明知這種頑固的作風不蒙上帝悅納，你們難道還要偏行己路嗎？許多父母

已經因兒女的忘恩負義、蠻橫無禮，而帶著破碎的心逝世了。（1893

年 6 月 22 日《青年導報》）

為家庭造福

主對青年說：「我兒，要將你的心歸我。」救主喜愛兒童和青
年都將他們的心歸給祂。很可能會有一大群兒童效忠上帝，因為他
們行在光明中，正如基督在光明中一般。他們必定愛主耶穌，並以
得蒙祂的喜悅為樂。他們即或受了責備也不至於動怒，卻以和藹、
忍耐、樂意盡力協助每日生活上的重擔，使父母的心歡樂。他們無
論是在兒童和青年時期，都必顯為主忠心的門徒。

兒童和青少年們，在你們幼年時就能為自己的家庭造福。目
睹敬畏上帝之父母的兒女不受約束，不肯孝順，忘恩負義和固執任
性，剛愎自用隨己意而行，不顧雙親為此而受到困難與憂傷，這是
多麼可憂的事啊！撒但最喜歡控制兒女們的心靈，若得准許，他便
以可憎的邪惡氛圍鼓動他們。

順從父母

父母們雖然竭盡所能給兒女一切機會和教訓，好使他們將心歸
向上帝，但兒女或許仍拒絕行在光中，而且由於自己罪惡的行徑，
致使愛他們、一心渴望他們得救的父母，蒙受不名譽的損害。

那引誘兒女跟隨罪惡、不孝敬父母的，乃是撒但；如果他得到

機會，就必趁他們仍在罪中時將他們置於死地，想方設法斷絕他們得救的希望，並使敬畏上帝的父母心如刀割，甚至因兒女的頑劣和悖逆上帝，被那沉重的憂傷壓倒。

兒童和青少年哪！我為基督的緣故奉勸你們，要行在光中。要使你們的意志服從上帝的旨意。「惡人若引誘你，你不可隨從。」要謹守主的道，因你們在罪中決無平安。你們若揀選罪惡的行徑，就必敗壞父母的名譽，並使基督的宗教蒙羞。總要記著，你們的生平都記錄在天上的案卷裡，將來要在全宇宙群眾面前揭露。試想你們若不幸喪失了永生，那將陷於何等可恥、何等懊惱之中阿！

「你們當因我的責備回轉；我要將我的靈澆灌你們，將我的話指示你們。……那時你們必呼求我。……惟有聽從我的，必安然居住，得享安靜，不怕災禍。」務要聽從基督的訓誨：「應當趁著有光行走，免得黑暗臨到你們。」（1893 年 8 月 10 日《青年導報》）

從家庭生活塑造品格

撒但引誘兒女對父母諱莫如深，寧願以年輕而缺乏閱歷的同伴為知己密友，這些朋友並不能指導、幫助他們，反而可能給他們出壞主意。……兒女們若多與父母親近，就可避免許多的惡事。父母應鼓勵兒女對他們侃侃而談，將自己的困難告訴他們，在猶豫不決時，將自己所看到事情真相向父母陳述，向他們請教。有誰能比敬虔的父母更能看出並指明兒女可能遭遇的危險呢？誰能像父母一

樣，徹底明瞭自己兒女的性格呢？母親既從孩子的襁褓時期就觀察他們的每一舉動，自是熟悉他們的天性，所以她乃是最適宜勸導自己孩子的。誰能像父母親那樣，可看出子女的哪些品性是應該加以約束或遏制的呢？

嬌生慣養的孩子，總希望在各樣事上都要如他們的心意，若不能就灰心沮喪。在他們今後的人生中，此種性格必定時常出現；他們很難自立，總要倚靠別人幫助，期望別人厚待、遷就他們，甚至於在成年之後，如果遭受反對，就認為自己遭人欺負；如此他們一生就在憂慮中度過，很難自食其力，往往因不如己意而怨天尤人。

兒女們應該感覺到自己是欠了父母的債，因為父母在年幼時照料他們，在患病時看護他們。他們也應體會到，父母常為他們的緣故操心憂慮。尤其是盡責的父母，更加深切關心兒女的行事為人。當他們看出兒女有過失，他們的心情該是何等沉重！如果那些使父母痛心的兒女能看出自己行為的後果，他們就一定不會忍心如此了。如果他們能看見母親的淚水，聽見她為他們向上帝所做的祈禱，如果他們能傾聽她的哀聲悲嘆，他們的心就必感悟，並承認自己的錯誤請求饒恕了。

每日迎戰前的準備

我們如今正處在一個對兒女們很不幸的時代。強大的潮流正將人捲走，沖向滅亡，我們需要使兒女擁有更充足的經驗及力量，力挽狂瀾，才不致被捲去。青少年常成為撒但的俘虜，他和他的使者

正將他們引向無可逃避的滅亡。撒但和他的全軍正與上帝的政權作戰，所以凡有志將自己的心獻給上帝、順從祂命令的人，撒但必企圖試探、攻擊並制勝他們，使他們灰心喪志，放棄戰鬥。

藉著誠懇的祈禱和活潑的信心，可獲得重大勝利。有一些父母沒有覺察到自身所負的責任，以致疏忽了兒女們的宗教教育。基督徒每天清晨的第一個思想應當轉向上帝。屬世的操勞和自身的利益應置於次要地位。當教導兒女敬重祈禱時間。在一天的工作展開之前，全家人都應聚集在一起，由父親熱切地求上帝在這一天之中保守他們；如果父親缺席則應由母親負責。

不願受約束

遵守安息日的兒女可能會因為在許多事上受拘束感覺厭煩，認為父母太嚴厲，甚至可能因此感到氣憤，對那些為他們現今及將來與永恆福利致力的人感到不滿。但及至漸長，他們就必感激父母在他們還缺少經驗的歲月中，實施嚴格的管教與看顧了。

個人的責任

孩子們哪！上帝已指示將你們交給父母照管，要他們指導管教你們，善盡他們的本分，培養你們擁有適於天國的品格。然而你們是否充分從敬虔、忠實、經常禱告的之父母身上獲得機會，培養出良好的基督徒品格，則全在於你們自己。儘管父母為兒女耗盡心力管教關心，但他們單方面的努力仍不能拯救兒女。兒女有自己應當

做的工，每一個孩子也有個人的事要處理。

信主的父母，你們如今有一項責任，就是要在兒女的宗教經驗中指引他們的腳步，及至他們能真心敬愛上帝時，便要因你們過去向他們所表現的關懷、忠實地約束他們的慾望並管制他們的意志，而感激尊敬你們。（《教會證言》卷一第 391-403 頁）

披上基督的義袍

我們既披上基督的義袍，就再也不喜愛罪惡了；因為基督必與我們同工。我們雖不免犯錯，卻必恨惡那使上帝兒子受苦的罪惡。

（1890 年 3 月 18 日《評論與通訊》）

青年應造福家庭

許多青年人忽視了在家中的義務。他們尚未學會克盡本分，負起家庭責任，而那原是他們當盡的義務。他們有忠誠又重視實踐的母親，她已肩負了許多原是兒女該負的重擔。他們這樣做就是不孝敬母親，也沒有盡到本分為父親分擔，忽略了對他應盡的孝道。他們寧可專顧自己的興趣而不顧本分。

他們因時常規避人生的重擔和辛勞，而在自己的生活中隨從一己之私，也就無法得到成功人生必備的寶貴經驗。他們不理解在小事上忠心的重要性，也沒有領悟到自己對父母應盡的義務，就是要在自己當前的卑微生活職責上真誠、忠實、有始有終。他們好高騖

遠，忽略了實際生活中必備的普通知識。

協助家務

如果這些青年人願在任何地方都造福於人的話，就當從家庭入手。他若只聽從自己的喜好，不願聽那出自冷靜的理智，健全的判斷和已被喚醒的良知所做的謹慎決定所引導，就不能為社會或為自己的家人造福，而且他們在今世和更佳美來世的指望，都可能要受到危害。

有許多青年抱持著一種觀念，認為他們早年的生活應當無憂無慮，可以盡情耗在無聊的遊戲、嬉鬧、玩笑和其他任性的事上。當他們縱情享樂時，就只顧一時開心而不顧其他了。他們對於派對的愛好，對於嬉笑怒罵的喜愛因放任而越來越強，以致他們對人生嚴肅的現實，和那枯燥無味的家務完全失去興趣，感覺這些事太過繁瑣。這些年青人應自覺負有責任使家庭生活愉快而幸福。……暫時從事那使人疲勞的體力工作乃是必需的，使他們以後再進行操作時能有更大的成效。但完全的休息卻未必需要，況且完全的休息對於他們的體力也未必有最大的幫助。他們即使在一項工作上感覺疲勞，也不需要停止工作而浪費光陰；可以試著找一些較為輕省而又有助於母親和姊妹們的工作。如能替母親和姊妹們做些繁重家務，藉以減輕她們的負擔，他們便能得到合乎原則的樂趣，使他們享有真實的幸福，如此時間就不至消耗在無聊或放縱私慾的事上了。

（《教會證言》卷三第 221-223 頁）

家庭禮拜

鼓勵並激起子女對於研究《聖經》的愛好，有賴於如何充分運用家庭禮拜的時間。早晚禮拜的時間，應是一日之中最佳美、最有助益的時間。這段時間不宜被煩惱與雜念攪擾；父母與兒女要在此時聚集謁見耶穌，並邀請聖天使進入他們的家庭中。聚會時間須簡短活潑，符合當下情境，並多有變化。應使全家的人一齊參加讀經、學習並時常背誦上帝的律法。有時也可讓孩子們自選經文和主題，藉以增加他們的興趣；可根據所選的經文向他們發問，讓他們提出問題，也可引用凡能解釋這經文意義的事物。若聚會的時間不致因此過長，則可令兒童們參加禱告，與他們一同唱詩，或只唱一節也無大礙。要使這樣的聚會合乎理想，就必須在準備時仔細思考並構想。父母也當每日用些時間與子女一同研究《聖經》。無疑地，這事是需要花費心力來計畫，也需要一些犧牲才能完成；但這種努力終必得到充分的報償。（《教育論》第 184 頁）

虔敬的款待

如果我們的家庭生活和交際都以基督的柔和與純樸為準則，我們就必更加快樂而有作為了。我們不應為炫耀而勞碌，只為了博取賓客的讚嘆與妒羨，應努力藉著自身的樂觀、同情與愛心，增進我們四圍之人的幸福。要讓賓客看出我們是在力求符合基督的旨意。讓他們在我們身上看出雖然我們平凡，但仍抱持凡事謝恩的精神。一個真正的基督化家庭呈現出來的氣氛，乃是和睦安舒的。這樣的

模範必能產生影響力。……我們致力使客人感到愉快之時，切不可疏忽自己對上帝的責任。不可因任何緣故而忽略祈禱。不可只顧談笑，這樣就等於將殘缺的祭物獻給上帝。應當在大家能享有片刻寧靜之時，獻上我們的祈禱，並揚聲讚美。要讓訪客看出祈禱的時刻，乃是一日之中最寶貴、最神聖、最快樂的時分。（1887 年 11 月 29 日《評論與通訊》）

聖經教導
年輕人的
（告青年書精簡版）
15
堂課

SHARE

HOW TO
SAY
"NO"

WORK
HARDER!

第十二篇
服裝與妝飾

堅持愛主

Jesus
is
Love

一個人的品格可以從他的打扮與服裝上略見端倪。高雅的鑑賞力和有教養的思想，一定會透過簡單合適的服裝顯現出來。年輕女子如果在服裝上雅潔樸素，在舉止上謙恭有禮，再加上端莊貞嫻的氣質，這些足以成為她在抵禦危險時的盾牌。（《教育論》第240頁）

建立品格的要素

兒童和青少年應謹言慎行，這是相當重要的；他們的行為若不引進光明，就是涉入黑暗，非但在自己家，就是在接觸的眾人當中亦必如此。但在青少年能做到謹言慎行，遠避各樣罪惡之前，他們必須具有那從上頭來的智慧，以及惟有耶穌所能賜與的能力。

真正的妝扮

許多人欺騙自己，以為美貌和華服就能博得世人的重視。其實服裝的華美純屬外在、且變化無定的，根本不足以自恃。基督囑咐祂的信徒應有的妝飾是那永不黯淡的。祂說：「你們不要以外面的辮頭髮、戴金飾、穿美衣、為妝飾；只要以裡面存著長久溫柔安靜的心為妝飾，這在上帝面前是極寶貴的。」青少年若將打扮自己好引人注目的一半時間，用在屬靈的修養和內心的妝飾上，其言行舉止將呈現何等大的不同！凡誠心尋求與跟隨基督的人，對於自己的衣著必服從良心的聲音，遵從主的指示。現今，要將浪費在服飾的

金錢用在推進上帝的聖工，並為自己貯備有用的知識，藉以使自己
足堪承擔重任。

親愛的兒童和青少年，耶穌已竭盡祂所能，為那些在今世愛祂
並事奉祂的人所預備的住處安家。祂曾離開祂的天家，降生在這被
罪毀損的世界，來到一群不尊重祂的人當中；他們既不喜愛祂的純
正與聖潔，又輕視祂的教訓，終於最殘酷的將祂置於死地。「上帝
愛世人，甚至將祂的獨生子賜給他們，叫一切信祂的不至滅亡，反
得永生。」

追求內在的妝扮

上帝要因祂為你們付出的偉大犧牲而要求報答。祂要你們不但
在名義上，也要在衣著和行為上作基督徒。祂要你們以樸素的服裝
為滿足。祂要你們的儀態動人，為上天所悅納。親愛的青年，難道
你們要使祂失望嗎？

人的外表往往就是心意的指標，所以我們應當慎重，那讓世人
藉以評判我們信仰的，是何種表徵。我願你們跟從耶穌作祂可愛的
兒女，凡事順從祂明晰的旨意。惟願你們殷切追求那「內在」的裝
飾，好討救贖主的喜悅。如此你們就可日日倚靠耶穌的幫助戰勝自
我。驕傲和炫耀就從內心和生活中退出，以柔和與喜愛簡樸的心取
而代之。這樣，青年就必成為基督大隊忠勇的戰士。

我們正處在危險的時代中，許多自稱敬愛並順從上帝的人，在

日常生活中卻否認祂。「人要專顧自己、貪愛錢財、自誇、狂傲、謗讟、違背父母、忘恩負義、心不聖潔、無親情、不解怨、好說讒言、不能自約、性情兇暴、不愛良善、賣主賣友、任意妄為、自高自大、愛宴樂不愛上帝；有敬虔的外貌，卻背了敬虔的實意。」親愛的青年，上帝不願你們列於這等人當中。你們可以在祂的聖言中學習如何遠避這些罪惡，而終於得勝。……「弟兄勝過他，是因羔羊的血，和自己所見證的道。」

要使光照在人前

你們僅僅遠避罪還不夠，必須更進一步，要「學習行善」。你們必須向世人宣揚基督，天天研究如何做上帝的工。你們絕不能僅憑願望而獲得善良的品格，惟有勞力才能得到。你們在這一方面的願望，必須表現於懇切、誠實的進取和努力上。藉著每日攀登進步的階梯，你們終必達到頂點，成為一個得勝者，並靠著那愛你們的主得勝有餘。（1896 年 11 月 5 日《青年導報》）

親愛的青少年，你們在衣著上追求時髦，絕無法向別人見證你們的宗教或自稱相信的真理。有見識的人必認為這種使外表華麗的心思，是暴露薄弱的心智和自滿的證據。簡單樸素的衣著才是青年們最好的推薦函。要使你們的光照在人前，最好的方法就是藉著質樸的服裝和操守。你們可以向眾人顯明，在與永恆的事物相較之下，你們已對今生事物有了正確的估計。（《教會證言》卷三，第 376 頁）

服裝與品格

基督將跟從祂的人比作世上的鹽和光。這世界若沒有基督徒的感化力，就必因本身的腐敗而滅亡了。許多有名無實的基督徒，在自己的服裝儀容上疏忽大意，業務上散漫無章，一如其服裝所顯示的；另外，在態度和言語上他們亦是粗魯無禮，而他們竟還以這些缺點為謙卑和基督徒生活的特徵！若我們的救主今日仍在世上，你想祂會指認他們為世上的鹽和光嗎？

基督徒在言談方面應是高雅的；他們彬彬有禮、和善而仁慈。他們的言語乃是誠摯真實的，對於弟兄和世人皆以忠誠相待。在服裝方面，他們避免虛榮炫耀；但衣著總是整潔、不俗艷、端莊，恰如其分。他們特別注意安息日所穿的衣服，藉以表示他們敬重聖安息日和崇拜上帝的事。這等人與一般世人之間的界線，是不易混淆的。我們的上帝乃是有秩序的上帝，祂並不喜悅混亂、污穢和罪惡。

隨波逐流的危險

基督徒不應故意在服裝上標新立異，但是他們若因自己的信仰，在衣著方面以純樸健康為原則，而發現自己不合時尚，他們就不應為了追求與世人相同，而改變自己的服裝。如果世人提倡一種簡樸便利、有益健康，並與《聖經》教訓相符的服裝，我們也不至因採用這類服裝而改變我們與上帝或與世界的關係。基督徒應跟隨基督，並使自己的服裝符合《聖經》原則。（1900 年 1 月 30 日《評論與通訊》）

合宜的服裝

《聖經》教人服裝要正派。「願女人廉恥、自守，以正派衣裳為妝飾，」（提前2:9）這經文禁止在衣著方面的炫耀、俗艷的顏色和過分的妝扮。凡為了引人注目，特意穿戴惹人讚羨的各樣物品，都當摒棄，視為不合上帝聖言所囑咐的正派衣裳。

毋須購買昂貴服飾

我們的服裝不應該是昂貴的，「不以黃金、珍珠或貴價的衣裳為裝飾。」金錢乃是上帝所委託，不是我們可用來滿足自己驕傲與奢望的。它在上帝兒女的手中便是饑餓者的食物和赤身露體者的衣服。它乃是受欺壓者的保障，是使病者康復，或將福音傳給窮苦之人的經濟媒介。你們若能聰明地運用現在為了炫耀花費的錢財，便可使許多人的心得到幸福。要思想基督的生活、研究祂的聖德，並與祂的克己有分。時髦和炫耀的事物吞沒了那原可撫慰窮苦之人的錢財。那原應傳播於世界的救主慈愛的福音，也被剝奪了。

服裝需整潔耐穿

我們的服裝雖然要簡樸正派，但也應當採用上好的質料，適當的顏色，合用耐穿。我們寧可選擇衣服經久耐穿，而不為誇示或一時炫耀之用。衣服應當清潔；衣服不清潔不僅有礙健康，亦足以污穢身體和心靈。「你們是上帝的殿。……若有人毀壞上帝的殿，上帝必要毀壞那人。」（林前3:16、17）上帝願我們「凡事興盛，身體健

壯，」（約參第2節）我們也須為求身心健康而與祂同工。

優雅自然的美

服裝應當優雅美觀、純樸自然。基督曾警告我們要避免今生的驕傲，但這並不是指人生的優雅及自然之美而言。祂曾指著田野裡的花朵，並論及鮮麗潔白的百合花，說：「就是所羅門極榮華的時候，他所穿戴的還不如這花一朵呢。」（太6:29）基督藉著自然界的事物來說明天國所重視的美，就是那足以使我們的衣著得蒙祂喜悅的正派優雅、簡樸、整潔適宜之美。（《基督教育原理》第302、303頁）

服裝的影響

我們並不反對整潔的服裝。正確的審美觀也是不可輕視的。如果要實踐我們的信仰，就要在服裝方面簡樸，並熱心行善，使我們被人視為特殊的人。但我們如果在服裝整潔方面喪失鑑別力，就等於偏離了真理，因為真理絕不會使人卑賤，反要使人高雅。信徒若忽視自己的服裝，在態度上粗俗無禮，他們的影響就必危及真理。受靈感的使徒說：「我們成了一台戲，給世人和天使觀看。」全天庭都在注視著凡自稱跟隨基督的人，以及他每日在世人身上所發揮的影響。

服裝簡樸足以使一個有見識的女性佔據優勢。我們往往視衣著的樣式而品評一人。一個端壯敬虔的婦女，其衣著必是正派的。高雅的鑑賞力、有教養的心智，會顯露在所選擇的簡樸又適宜的服飾

上。凡能擺脫時尚奴役的年輕女性，必是為社會增添光彩的人。一個在服裝和儀態上表現出簡樸、不驕矜的女子，就顯明她瞭解真誠的女子是以道德的價值為特徵的。（1904 年 11 月 17 日《評論與通訊》）

「你們不要以外面的辮頭髮、戴金飾、穿美衣為妝飾，只要以裡面存著長久溫柔安靜的心為妝飾，這在上帝面前是極寶貴的。」世人向來企圖規避或廢棄上帝聖言中簡明的教訓。在各時代中，大多數自稱跟隨基督的人都漠視了那些吩咐人虛心克己，並在言行及衣著方面表現正派簡樸的訓誨。其結果總是一樣的：偏離福音的教訓，追隨世俗的時尚、習慣和思想。於是活潑的敬虔就被死板的形式主義所取代。上帝的臨格與權能必離開貪戀世俗之徒，轉而顯現於樂意順從主的話、而較卑微的敬拜之人身上。歷代以來，這種現象不斷重演。

易犯穿著打扮的罪

我們看到在那些自稱相信現代真理的人當中，竟有喜愛時髦和炫耀的心理，便不禁憂心想問：「上帝的子民難道從過去的歷史中學不到教訓嗎？」很少有人能瞭解自己的內心。愛好時髦的虛誇輕浮之輩，或許自覺是跟隨基督的，可是他們的衣飾和言行，卻證明那充斥他們心裡並佔去他們感情的究竟為何。他們的生活顯示他們與世俗為友，而世界也聲稱他們是屬它的人。

曾經嘗過基督之愛的人，怎能再滿足於虛榮呢？我看到那些自稱是跟隨那位「心裡柔和謙卑」之救主的人，竟熱切地力求符合世

俗的服裝標準，就感到痛心。他們雖然自命敬虔，但他們與不信的人卻無甚區別。他們並未享有宗教的生活。他們的時間和金錢都已用在專以炫耀為念的穿戴上了！

改革的必要

我們看到一種為上帝聖言譴責的惡行逐漸在教會中得勢。教會中有許多人既都跟隨流行的指揮而不順從上帝明示的旨意，教會還可能發揮它應有的感化力嗎？我們既容忍這樣的事在我們中間流行，又怎能期望有聖靈的臨格與幫助呢？那些自稱跟隨基督的人既廢棄了祂的教訓，我們還能保持緘默嗎？這些事使那些監督上帝教會的人擔憂而困惑。那耗費在迎合世俗流行打扮上的額外時間，應用來省察己心和研究《聖經》。在許多青年看來，世上浮誇的虛飾竟然比永恆的財富更為貴重。那原可藉思想與研究而加以培養的智能，也因此被埋沒，感情也未加管束，因為他們視外表的服飾比靈性的優美或心智的活力更重要。

追求心靈之美

凡跟從基督的人，是願意追求裡面的妝飾，就是上帝所說、溫柔安靜的心呢？還是願意為了炫耀，而在不必要的勞碌上浪費時間呢？主願我們經常善用心智，增強智力與道德力，使人生幸福，為世人造福，為創造主增光。

我要請問現今自稱相信現代真理的青年，他們究竟在何處曾為

真理克己犧牲了呢？他們在真正喜愛某一件衣服或某種妝飾品時，他們是否先在祈禱中將這事向主說明，求問祂的靈是否允許這一項花費呢？他們如此虛耗時間，能求主賜福嗎？加入教會是一件事，與基督聯合卻是另一件事。未曾獻身卻貪愛世俗、又自稱信仰宗教的人，乃是現今基督教會為何軟弱無力最嚴重的原因之一。

在現今的世代中，人們空前地熱衷於享樂。放蕩與不顧一切的奢侈處處盛行。眾人都渴求娛樂，思想片面而狹隘，愚昧的情感主義甚為流行。上帝要每一個人都受培養、鍛鍊，成為文雅、高貴的人。但可惜一切有價值的造詣竟被疏忽，反去追求迎合流行的炫耀和虛浮的享受。（1881 年 12 月 6 日《評論與通訊》）

真正的妝飾

敗德的奢侈之風流行各地，以致許多人因過度追求流行與炫耀而趨於敗亡。崇尚流行之人的生活，十之八九乃是活的謊言。他們每日習慣自欺欺人，因為他們矯飾，要表現自己是與本相不符的人。心靈的高貴、溫柔、寬宏竟被滿足貪愛惡事的慾望所取代。千萬人竟出賣自己，以便取得利益來追逐世俗的流行。這種沉迷於世俗多變之流行的愚昧，應喚醒一群改革家，採取他們堅定的立場，提倡簡樸的服裝。撒但常常發明一些新花樣，使人們犧牲金錢、時間與健康。

追隨世俗

我們既有世人追逐流行的景況擺在前面,凡自命為基督徒的人,怎麼還能奔走世俗之人的道路呢?許多人追求世俗流行,皆因基督還沒有在他們裡面成為有榮耀的盼望。奢侈的生活、過度浪費的服飾,都已達到前所未有的程度,甚至構成末日的預兆之一了。驕傲和虛榮到處可見;服裝的崇拜足以敗壞品格中一切謙卑、溫柔與可愛的特質。它消耗了那原應用於默想、反省和虔誠研究《聖經》的寶貴時間。上帝的靈已經在祂的聖言中留下許多教訓,特作我們的指導。

沉迷於流行事物消耗了所託付用作慈善之工的金錢,此種過度的浪費就是奪取上帝之物。我們的錢並不是給我們滿足虛榮和喜愛炫耀之心的。我們必須作聰明的管家,使赤身的人有衣穿,使飢餓的人有飯吃,並捐獻我們的金錢推進上帝的聖工。我們若需要妝飾,就選擇溫柔、謙卑、端莊和明智等美德,這很適於各人在各階層的生活情況。我們應作忠實的守望者,藉著教訓和榜樣揭露這時代浪費與奢侈之風。我們難道不應該為青少年樹立正確的榜樣,或吃或喝,無論做什麼,都要為榮耀上帝而行嗎? (1912 年 12 月 12 日《評論與通訊》)

269

聖經教導
年輕人的
(告青年書籍精華版)

15

堂課

第十三篇

康樂活動

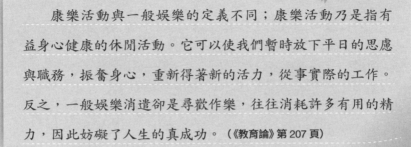

康樂活動與一般娛樂的定義不同；康樂活動乃是指有益身心健康的休閒活動。它可以使我們暫時放下平日的思慮與職務，振奮身心，重新得著新的活力，從事實際的工作。反之，一般娛樂消遣卻是尋歡作樂，往往消耗許多有用的精力，因此妨礙了人生的真成功。（《教育論》第 207 頁）

康樂活動的價值

　　基督徒應是世上最樂觀、幸福的人。他們可以感知上帝乃是他們的天父與永遠的朋友。但許多說自己是基督徒的人，卻沒有正確地代表基督教的信仰。他們時常愁眉不展，常談到因作基督徒付上了極大的犧牲。他們勸導那些還未接受基督的人，並藉自己的言行，表明人必須放棄一切使人愉快喜樂的事物。他們掩蓋了基督徒有福的指望，反而留給人的印象是：上帝的要求即使對於那甘心順從的人都是重擔，甚至連一切能給人快樂的事，都必須捨棄。

　　我們毫不遲疑地說，這些基督徒乃是有名無實的。上帝就是愛。任何人住在上帝裡面，也就是住在愛中。凡藉實際經驗體會到天父的慈愛與溫柔憐憫的人，無論到何處都會散發光明與喜樂。他們的為人與感化力對於親友就如鮮花之芬芳，因他們與上帝和天國已有聯繫，因此天國純潔而高尚的優美，便可藉著他們影響範圍所及的人了。這樣就使他們成為世上的光，世上的鹽。

基督化的康樂活動

基督徒有權利和義務藉康樂活動來振奮精神,加強體力,並運用自己的體力和智力榮耀上帝。康樂活動不應成為胡鬧的嬉戲。每個康樂活動應足以造就並提升與我們交往的人,並使所有參與之人都能更有效地履行那落在基督徒身上的一切本分。基督的宗教具有一種樂觀、高尚的影響。它遠超過一切嬉笑怒罵的閒談。在我們的康樂活動中,我們可以從神聖能力之源頭領受新勇氣與能力,能更成功地使自己的生活達到純潔良善和神聖的境界。

愛美的心理

至高的上帝也是愛美的。對於這一點,祂已在祂親手所做的創造之工上給予我們明確的憑據。祂為我們的始祖在伊甸設置了美麗的花園。各式各樣雄偉的樹木從地裡長出。美麗的花卉萬紫千紅、鮮艷奪目、芬芳撲鼻。羽毛斑斕的快樂鳴禽,用歡欣的歌聲讚美創造主。按照上帝的旨意,祂原是要人看管祂所創造的萬物,並自其中得到幸福,以園中樹上的果子充饑。上帝已將優美之念栽培於祂兒女的心中。但這種愛好已經被許多人敗壞了。他們竟崇拜上帝所賜的恩物與美物,而忘記了那榮耀的賜物主!我們應當在上帝的一切造化之工上認識祂的愛,感覺祂的存在,向祂呈獻心中至上至聖的愛情。

崇高的藝術大師

上帝已經在我們周圍展示出自然界的美景,以引人注意並感到

興趣。祂的旨意是要我們從自然界的榮美聯想到祂的聖德。我們若忠心地研究大自然，就必發現它有豐富的資料足供我們思考上帝無窮的慈愛與能力。許多人用在美術上的一切能力，若與天然之美相比仍是天差地遠。藝術不能與自然的完美比肩。藝術家是從何處取得他的圖樣呢？從自然界。那位崇高的藝術大師將夕陽餘暉的景色展示於變幻莫測的空中畫布上。祂已將金、銀與深紅的美麗色彩傅麗於天，宛如高天之門已經敞開，使我們可以瞻仰它的光彩，體會到其中的榮美。（1871 年 7 月 25 日《評論與通訊》）

貪愛世俗娛樂

大部份青年的心思為貪戀世俗的意念佔據，這是值得警惕的事實。許多人行事為人，僅為取悅自身而不停地尋歡作樂，他們在世界和其上的事物中找尋歡樂，對於天父和祂聖靈的恩賜，卻茫然無知。……撒但格外的努力引誘他們在屬世的歡娛中尋找快樂，他們也試圖為自己辯護，竭力證明這些消遣是無害的，甚至對於健康是重要的。他把聖潔的道路形容為艱難，卻把世俗享樂之途說成是鮮花滿徑。撒但用虛偽誘人的色彩，將世界和其中的享樂置於青年之前。然而地上的享樂很快就要過去。難道個人的優點、才幹和天資的價值太高，不適於獻給那位時刻看顧我們的創造主上帝嗎？

智慧的道路

青少年時常強調他們需要一些活潑的活動。基督徒的盼望正是他們所需要的。宗教信仰必能作為信徒的安慰及真幸福泉源的可靠

嚮導。青年們應研究上帝的聖言，自行默想祈禱。他們必發現這是最妥善利用時間的方法。智慧的道「是安樂，它的路全是平安。」保羅在寫給提多的書信中，勸勉青年端莊自守：「勸少年人要謹守；你自己凡事要顯出善行的榜樣：在教訓上要正直、端莊、言語純全、無可指責；叫那反對的人既無處可說我們的不是，便自覺羞愧。」我奉勸青少年為自己靈性的緣故，要聽從使徒的這段勸勉。

青年們容易認為自己沒有多少責任要擔負，然而人人都負有達到《聖經》標準的義務。《聖經》的功用，其勸勉、警告與責備所放射的光亮，若不能有助於品格的完整，便要成為疏忽之人的罪。這亮光不分年長或年輕，人人都當珍惜。誰願意現在就站在上帝這一邊，決心以祂的服務為畢生至上的任務呢？誰願意來背負重擔呢？

「你趁著年幼……當記念造你的主。」耶穌樂見年輕人來為祂服務。祂要他們成為永生的承受者。縱使道德的腐敗橫行，以致許多青少年在幼年時就已受了玷污，但他們仍可成為高貴的男女。上帝呼召每一個青年男女棄絕各項惡習，辦事殷勤，心裡火熱，常常服事主。他們必不懶惰，會努力勝過自己的不良習慣，或改善自己的行為。他們祈禱的誠意，要在他們努力遵從上帝命令的程度上得到證實。相信主藉著祂聖靈的大能，必定賜給他們得勝的力量。

在小事上忠心

個別、恆切、齊心合一的努力，必定獲得成功為報償。凡想在世上成就偉大事工的人，必須樂意遵循上帝的方法，從小事入手。

那企圖藉豐功偉業以登峰造極的，結果必一無所成。就上帝看來，在一項善工上穩步前進，比致力一項偉業更有價值，也可為青年贏得良好聲譽，使他們的努力富有意義。……青少年可能在救靈工作上有良好的成績。上帝要他們為祂所交付的才幹負責。但願凡自命為上帝兒女的人朝向高尚的標準努力。但願他們善用上帝所賜給他們的一切天賦。（1907 年 1 月 1 日《青年導報》）

不能滿足的渴望

不斷追求賞心悅目的娛樂，顯明心靈的深切渴望。然而自世俗娛樂泉源中汲水的人，必發現自己心靈的渴望總不能得到滿足。他們誤以為歡樂等於幸福；及至興奮消逝，許多人便陷入灰心失望的深淵了。捨棄「活水的泉源」而想在世俗享樂的「破裂不能存水的池子」裡解渴，是何等愚昧！（《基督教育原理》第 422 頁）

作見證的機會

你若真正屬乎基督，就必有機會為祂作見證。你若被邀請到娛樂場所去，就有機會為主作見證。你若忠於基督，就不會為你的缺席提出種種藉口，卻要坦白而鄭重地聲明你是上帝的兒女。然而，你持守的原則不容許你置身於不能邀主同去的地方，即使偶爾一次也不可以。（1893 年 5 月 4 日《青年導報》）

體力與智力的培訓

在上帝所定的規則中，體力和智力都一樣要受訓練；但體力活

動的性質，應當與基督給門徒的教訓相符。撒但和他的使者正在為人的靈命撒下羅網。他們盡力誘使教師和學生參加極度吸引人的運動或遊戲，其性質足以增強人的慾望，抵消上帝的聖靈在人心中所有的運行。

學校裡的教師都需要運動，藉以調整自身的狀態。上帝已經指明調整的方式是藉由有用、實際的活動。可惜許多人竟偏離上帝的計畫而去依從世人的創作，損害靈性的生活。娛樂較比其他事物更能阻礙聖靈的運行，所以主為此而擔憂。……「務要謹守、儆醒；因為你們的仇敵魔鬼，如同吼叫的獅子，遍地遊行，尋找可吞喫的人。」（彼前5：8）他常在遊樂場中窺伺你們，要捕捉每一疏於戒備的人。他出席課室中每一種活動；凡讓自己心志耽溺於各種遊戲或比賽的學生，就是最無法領受那不可缺少的指導、勸勉和責備的。

身體的運動乃是全智的上帝所指示的。每日應特別用幾小時學習有用的實藝教育，幫助學生學習實際生活的義務，這乃是我們一切青少年所必需的。每一個學校和其他機構中的所有人都應當效法但以理，與智慧之源保持密切的聯繫，以便在各方面都能達到最高的標準。但以理具有敬愛上帝的心；他既認定自己必須向上帝負責，便訓練自己的才能，儘可能地報答那位偉大教師慈愛的眷顧。那四個希伯來青年不讓自私的動機和對娛樂的愛好佔據人生黃金般的光陰。他們存著樂意的心和敏捷的智力從事工作。這乃是每一個基督化青年所能達到的最高尚標準。（《教育勉言》第281-284頁）

有害青年的娛樂

渴求刺激和令人喜愛的娛樂，對於上帝的子民，尤其對於年輕人，實在是一種試探和網羅。撒但經常預備各樣誘人之物來轉移人的注意力，使人不為將來重大事件做準備。他利用世俗之人為爪牙，不住地加以刺激，引誘無戒備的人去參與屬世的娛樂。因與世俗聯合，信心便軟弱了。撒但是一個恆切不倦的工作者，一個狡猾而殘毒的仇敵。他備有許多精密織成的羅網，看上去無害，實際上卻是用來羈絆年輕、粗心大意之人。人心原本就是傾向享樂和自我滿足的。撒但的陰謀就是要使人心充斥著對屬世娛樂的慾求，以致再沒有時間思想「我的靈命如何」。

不幸的時代

我們今日正處在對青年人不幸的時代。社會上流行的風氣是贊同青年隨從自己本性的傾向。如果孩子是非常放肆的，父母便自欺地認為：等他們長大、較能自行運用理智時，就必放棄不良習慣，成為有用的人。這是何等錯誤的想法！他們竟容許仇敵在兒女心田裡撒種，並讓錯誤的原則增長而加強。在多數情形下，日後在這些青年身上先前所下的功夫都必徒勞無功。

在現階段社會中，父母們想管束兒女，按照《聖經》正確規則教導他們，實在是不容易的事。孩子們時常不耐煩受約束，一定要隨從自己的心意。特別是從十歲到十八歲之間，他們總覺得參加年輕朋友們的活動並沒有什麼害處。但有經驗的基督化父母卻能看出

危險。他們熟知自己兒女的軟弱，也知道這些事情在他們心中所生的影響；所以他們應當依據兒女得救的願望，阻止他們不去參加這些有刺激性的娛樂。兒女們自行決定離棄世俗的享樂，繼而成為基督的門徒時，可以讓審慎而忠心的父母從心上卸下多大的重擔！但即使如此，父母的工作仍不可中止。這些青少年剛開始對罪及本性的邪惡爭戰，所以他們格外需要父母的勸導和照顧。

青年正面臨末日的考驗

那些曾屈從世俗影響、卻遵守安息日的青年，必受到試煉與驗證。末日的危險正臨到我們，青年正面臨許多人意想不到的考驗。他們必陷入極難堪的困惑之中，信仰的真偽也必獲得證明。……有些人經常倒向世界；他們的見解和感覺，與基督克己犧牲之門徒的精神相比，更符合世俗的風氣，所以他們也就很自然喜愛與性情相投的人為伍。這等人在上帝子民中的影響太大了！他們與上帝的子民有分，在其中也有聲望，卻成了不信者。這些有名無實的信徒若不完全悔改，並藉著順從真理而成聖，他們就必被撇棄。……上帝絕不承認追求享樂的人為祂的門徒。惟有那些克己犧牲，並且過著謙卑、聖潔生活的人才是耶穌真正的門徒。

遠離世俗的娛樂

基督真正的門徒必定有所犧牲。他們要遠避世俗的娛樂場所，因為在那裡找不到耶穌，也找不到任何足以使他們的思想提升、並在恩典上有長進的影響。救主說：「憑著他們的果子，就可以認出

他們來。」（太7：20）凡真正跟隨基督的人要結出果子來榮耀祂。他們的生活證明上帝的聖靈在他們心裡所成全的善工，以致結出成聖的果子來。正確的行動是真敬虔的果實，所以凡不能結出這樣果子的人，就證明他們並不在那真葡萄樹裡面。耶穌說：「你們要常在我裡面，我也常在你們裡面。枝子若不常在葡萄樹上，自己就不能結果子；你們若不常在我裡面，也是這樣。我是葡萄樹，你們是枝子；常在我裡面的，我也常在他裡面，這人就多結果子；因為離了我，你們就不能作什麼。」（約15：4、5）

凡要作敬拜真神上帝的人必須犧牲每一個偶像。耶穌對那律法師說：「你要盡心、盡性、盡意，愛主你的上帝，這是誡命中的第一……。」（太22：37、38）十誡的頭四條勸勉人不要在感情上偏離上帝；切莫讓任何事物分佔我們對祂的敬愛。我們惟有在拋棄一切使我們與上帝隔離的事物之後，方能在基督徒的經驗上有所成長。

給青年的應許

凡跟從基督的青少年都要面臨著一場戰爭；他們在擺脫世俗和效法基督生活的事上，有每天必須背負的十字架。但也有許多寶貴的應許，是留給那些及早尋求救主的人。智慧召喚世人道：「愛我的，我也愛他；懇切尋求我的，必尋得見。」（箴8：17）「所以要約束你們的心，謹慎自守，專心盼望耶穌基督顯現的時候所帶來給你們的恩。你們既作順命的兒女，就不要效法從前蒙昧無知的時候，那放縱私慾的樣子。那召你們的既是聖潔，你們在一切所行的事上

也要聖潔。」(彼前1:13-15)「因為上帝救眾人的恩典，已經顯明出來，教訓我們除去不敬虔的心，和世俗的情慾，在今世自守、公義、敬虔度日；等候度日；等候所盼望的福，並等候至大的上帝，和我們救主耶穌基督的榮耀顯現。祂為我們捨了自己，要贖我們脫離一切罪惡，又潔淨我們，特作自己的子民，熱心為善。」(多2:11-14)(《教育勉言》第325-330頁)

為青年建立正確原則

青年應受堅定原則的約束，使他們能正確運用上帝賜給他們的能力。可惜青年卻盲目地受情感的支配，而不考慮到原則，以至他們時常陷入危險之中。他們既不能常受父母或監護人的指導與保護，就需要受訓練自立自制。他們必須受教並根據正直的原則而思想行事。

休息與娛樂

凡從事研究的人都應有休息、放鬆的時候。不可經常局限於嚴密的思考，如此心力必逐漸損耗。身體和心智都需要運動。但娛樂也像任何其他活動一樣，必須有所節制。對於這些娛樂的性質，也應加以慎重並考慮。每一個青少年應當自問，這一類的娛樂對於身體、心智、道德的健康有何影響？我會不會因而入迷以致忘記上帝呢？是否不再以祂的榮耀為念？有許多康樂活動是對身心大有助益的。一個開明而善於分辨是非的人，必能從無害且具有教育意義的來源，尋致許多遊樂的方法。舉辦戶外的康樂活動，默想上帝在自

然界的作為，這都是大有助益的。（《教會證言》卷四第 651-653 頁）

以助人為樂的康樂活動

青少年不像老年人那般安祥恬靜，兒童也不似父母莊重鎮定。一切罪惡的娛樂固然理當禁止，但父母、教師及青少年的監護人，須以不敗壞品德的娛樂來替代。不可用嚴厲的規則和限制來束縛青年，使他們感覺自己受到壓迫，以致挺而走險，而陷於愚昧及敗亡之中。要以堅定、愛心、顧念人的手法，溫柔、機智、仁慈地帶領他們，引導並影響他們的思想與意志。使他們能看出你們是以他們的最高利益為念。（《教育勉言》第 335 頁）那經常耗於既無益於身體又無助於靈性的娛樂時間，應改為訪問窮困、患病和受苦的人，或致力協助某一需要救助的人。（《教會證言》卷六，第 276 頁）

不聖潔的影響

我奉勸我們學校中的學生務要謹慎自守。青年人的輕浮之風不為上帝喜悅。他們的遊戲與競賽給試探的洪流敞開了門。他們既擁有上帝所賜的天賦智能，就不應讓自己的思想趨於卑劣。遵照上帝聖言形成的品格，必能表現堅定的原則，純潔高尚的意志。聖靈要與人的心智合作，崇高聖潔的動機乃是其必然的結果。……那些帶頭做這些輕浮娛樂的人，已為本會事工染上了不易抹滅的污點。他們損傷了自己的心靈，並將終身帶著這些痕跡。作惡的人可能看出自己的罪而悔改，上帝也會饒恕犯錯的人，可是那原本應受到保護而使之靈敏精銳、善於分辨是非的鑑別力，卻已大受損毀了。（《教

育勉言》第 366-368 頁）

宗教中的喜樂

　　義人將來的家鄉，以及他們永久的賞賜，乃是供青年思考的崇高題旨。要默念那不可思議的救恩計畫，就是榮耀之君付出的偉大犧牲，為要使你因祂寶血的功勞得蒙拔擢，並藉順從而升達基督的寶座。這題旨應使人的思想作最高貴的探索。得蒙上帝的恩寵，是何等的特權！

　　青年朋友們，我看出你們在這樣的活動與變換之中能得著快樂。你們之所以浮燥不安，乃是因為你們沒有向那唯一真正福樂之源尋求。你們總想在基督以外尋找惟有在基督裡方能尋到的享樂！在祂裡面沒有失望的事。祈禱——這何其寶貴的特權竟被忽視了！閱讀《聖經》能為心思作祈禱的準備。祈禱乃是基督徒的力量。孤單一人時，基督徒不要覺得孤獨，因為他可以感受到那位曾說「我常與你們同在」之主的臨格。

　　青年真正的需要是宗教；這正是他們缺少的，任何其他事物都不足以代替。單單自稱有信仰算不得什麼。許多人的名字都記載在地上的教友名冊中，卻不在天上的生命冊裡。他們若不掙脫那束縛他們的魔力，不久就必體會到惡人的分也是他們的。關於為真理而克己犧牲，他們已找到一條比這更易走的路。至於那大聲哀哭懇切祈求上帝的赦罪之恩，和從祂而來能抵擋撒但試探的能力，他們

283

倒感覺不需要那麼認真而殷切，而且還自覺這樣仍能過得去。榮耀之君基督常常單獨到山間和曠野去，將祂心靈的需求呈訴於祂父之前；然而有罪的人，自己雖沒有一點能力，卻以無需多作禱告而仍能存活。（《教會證言》卷一第504、505頁）

耶穌的榜樣

耶穌一概斥責各種縱慾的事，但祂的天性是樂於與人相處的。祂受各階層之人的款待，無論貧富、有智識或愚昧之人，祂都去訪問，要從普通生活的問題上，將他們的思想提到屬靈和永恆的事物上。祂並不贊同荒唐的生活，也沒有一點屬世的輕浮，玷污祂的嘉行；然而祂在天真無邪的快樂場合中，找得樂趣，並以親自參加社交的集合，來表示祂的贊許。（《歷代願望》第147頁）

基督徒的康樂活動

我們在力圖恢復精神，增進體力的時候，上帝仍囑咐我們要儘量發揮我們的一切能力。我們所從事的康樂活動應能幫助我們更勝任所擔負的任務，並使我們的感化力更有益於周遭的人。我們從這樣的活動回到家中時，應在身心方面都得到改善與振奮，準備妥當以更良好的希望和勇氣重新從事工作。

在基督化的康樂活動與世俗之娛樂消遣之間，必然存在著明顯的對照。後者沒有祈禱，對基督及神聖之事隻字不提，聽到的僅是世俗之人的空談，一段狂歡享樂的時間。他們的娛樂開始是愚妄，

終結是空虛。我們所參加的活動和個人的操行都應加以持守，以致在返回自己家中時，對神對人都無愧於心；確知我們並沒有得罪或損害所接觸的人，也沒有在他們身上生出有害的影響。

人的本性是傾向享樂和自我滿足的。撒但的計策就是要儘量製造這一類的事。他使人心充滿貪愛世俗娛樂的慾望，以致他們沒有時間捫心自問：這對於我的靈命如何？貪愛享樂是有感染性的。人的思想既專注此事，便浮燥不安，總想尋找娛樂。順服上帝的律法便能抵消此種傾向，並樹立了敬虔的屏障。（《基督教育原理》第 336、337 頁）

青年們應該謹記，他們必須為所享受的一切特權，為善用自己的時間，以及為正當使用自己的才能負責。他們或許要問，我們難道就不能有一點娛樂或消遣嗎？難道我們要不斷工作，而不能有一些變化嗎？任何娛樂方式，只要你能憑著信心求上帝賜福，就必沒有危害了。但任何娛樂若使你無法進行私下祈禱，或不能參與家庭禮拜或禱告會，那就有危險了。（《教育勉言》第 337 頁）

最好的度假：走近大自然

從事體力勞動的人需要康樂活動，多數以勞心為主的人更加需要。心力若過度操勞，縱使是為了宗教事務，這於我們的得救或上帝的榮耀，都不是必需的。我們不應跟隨世人度假的方式，但也不可不注意假期，否則孩子們就要不滿了。在放假的日子裡，孩子們

既有受罪惡影響的危險，又可能被世俗的娛樂和刺激所敗壞，作父母的人就當準備某些事來代替有危險性的娛樂。要讓兒女們明白，你們是以他們的利益和幸福為重的。

住在城鎮裡的幾個家庭，可以相約一同離開那令他們勞心的事業，前往鄉間，到美麗幽靜的湖邊或可愛的叢林，任何山明水秀的地方。他們應為自己預備簡單而有益健康的食物，最好就是水果和穀類，一同在樹蔭下享用。戶外旅行、運動和欣賞美景，必能增進胃口，他們也能充分享受一場連君王都感到欣羨的盛宴。在這種場合，父母同兒女都應擺脫一切的掛慮、操勞和煩心之事。父母應該與自己的孩子們打成一片，使他們快樂。

戶外運動對那些經常在室內久坐勞心的人，是最有益健康的。凡能做到的人絕無損失，反大獲益處。他們能以新的活力和朝氣，重返原來的崗位上發奮工作，並有更好的準備抵抗疾病。上帝已為人人都安排了最好的休閒活動，無論貧富都能享受，就是從純潔的思想和無私的善行中得著快樂。基督的光必從如此服務的人身上反照出來，使許多因愁苦而生活黯淡的人幸福愉快。（《教會證言》卷一，第 514、515 頁）

聖經教導
年輕人的
（告青年書精撮版）
15
堂課

SHARE

HOW TO
SAY
"NO"

WORK
HARDER!

第十四篇
社交活動

堅持愛主

Jesus
is
Love

　　基督教與世界接觸，乃是以社交為媒介。每一個蒙神啟迪的人，須照亮那些不認識良善、仍行走黑暗之途的人；必須利用那因基督之靈而成聖的社交感化力，去引領人歸向救主。（《服務真詮》第 496 頁）

善用社交機會接觸人

　　基督與人類接觸所樹立的榜樣，是傳揚主道以及一切領受主恩典福音之人應效法的。我們不要放棄社交活動。我們不該與世隔絕，不與人來往。為要使福音傳予各階層的人，我們必須在他們的生活環境中與他們接觸。他們是很難主動找我們的。上帝的真理感動人心，不是單靠講台上的宣傳。另有一個工作園地，或許較為平凡，然其效能卻滿有希望；這個園地，就是在卑微人的家庭中、大人物的毫宅裡、友好的歡宴中，以及純潔無邪的社交場合裡。

　　我們作基督的門徒，不應為愛好享樂隨世人一同放縱。這樣的交際有害無益。一切犯罪的事都不可在言語、行為上予以贊同；既不可默認，更不可參加。我們無論往那裡，總是要隨著基督同去，向人顯明我們救主的尊貴可愛。但是有人為要保持自己的信仰，竟將信仰藏在石牆之內，他們便失去了行善的良好機會。基督的宗教是要藉著社交的關係而與世人接觸，每一個接受了上帝光照的人，就當轉而照耀那些未曾認識生命之光者的道路。我們都當作耶穌的

見證人。要利用那因基督恩典而成聖的社交力量，去引人歸向救主。讓世人看出我們並不是自私的，專注自己的利益，而是渴望他人分享我們的福分和權利。讓他們看出我們的宗教，並沒有使我們變成刻薄無情的人。凡自稱已經找著基督的，應該像祂一樣，為造福他人而服務。

基督的門徒雖然都是平凡人，但當他們顯出與上帝的性情有分時，基督就喜悅他們。他們乃是活潑的人。他們的心因神恩而滋潤，便向「公義的日頭」開放。那照耀在他們身上的光，就必藉著行為，將基督之愛所發的光，反射到別人身上。（《歷代願望》第 149、150 頁）

基督徒的社交與禮貌

上帝的子民實在太少培養基督化的社交了。我們的學校不應疏忽或忘記這一方面的教育。應教導學生知道，他們不僅是獨立的個體；每個人乃是一縷線，要和其他的線交織起來，結合成為編織品。學校的宿舍乃是校園各部門中較有利於傳授這類教導的地方。學生在此每日都有很多機會，如果加以善用，就必在他們品格中的社交特質上大有裨益。他們可以憑自己的能力，善用時間與機會，發展足以使他們幸福而有為的品格。那些離群索居，不願藉友誼的交往協助他人的，也必喪失許多福惠；人的心智能夠藉由互相接觸、切磋而趨於高雅；因社交而結識他人，成就心靈的聯繫，以及得蒙上天悅納的氛圍。

　　凡是嘗過基督之愛的人，尤應發展社交能力，因為他們可以用此方法引領人歸向救主。不應將基督深藏心內，作為獨享的珍寶，也不應只向那些自己喜歡的人表現基督的愛。應當教導學生效法基督，向那些最感缺乏的人表現親切的關懷和友誼，縱然這些人不是他們自選的友伴也當如此。耶穌隨時隨地都對人類大家庭表示仁慈的關懷，並向祂四圍的人發出愉悅虔誠的光輝。學生應追隨祂的腳蹤。他們應對青年友伴表現基督化的關懷、同情與友愛，盡力吸引他們歸向耶穌；基督應該在他們心中成為活水的泉源直湧到永生，使凡與他們接觸的人得以復甦。

　　上帝所珍視的，乃是出於樂意、在需要時為他人付出的親切服務。學生若忠於他們的信仰，那麼即使是在學生時期，他們也能如此為上帝作活潑的佈道士。這一切固然需要時間，然而在這工作上所花的時間卻是值得的，因為學生如此行，正是學習如何將基督介紹給世人。

　　基督並未拒絕友誼的社交來往。在法利賽人或稅吏邀請祂赴席時，祂都應邀前往。在這種場合中，祂利用時間授予許多他們需要的教導。基督也藉此教導門徒如何與同有宗教信仰和沒有信仰的人相處。（《教會證言》卷六第 172、173 頁）

指導的原則

我們的心是屬耶穌的。祂已經為我們的靈命付上無限的代價；

祂也在天父面前作我們的中保代為懇求，但祂並不是以請願人的身分懇求，而是以勝利者的身分求取祂自己應得的分。祂能拯救到底，因為祂長遠活著為我們代求。心乃是珍貴的祭物，是所能奉獻給上帝最有價值的禮物。你的為人和你所有的才能，全是自上帝而來的神聖委託，應作為樂意、聖潔的祭物再歸還給祂。

需要青少年獻出光陰與心力的請求者眾多。撒但聲稱青少年是屬於他的，大多數人也將他們一切所有的能力、才幹獻給他。世界要奪取人心，但這心原屬於那位將它贖回的主。若將心獻給世界，就勢必充滿憂慮、悲傷與失望；你不可能一心尋樂仍獲得福分。

公義之敵已備妥各種享樂方式要吸引在各生活情境中的青少年；何況這些享樂不僅出現於大都市中，更充斥於人類所居住的每一個角落。撒但最愛吸收青少年加入他的行列。他已展露可憎惡的智謀，為青少年發明許多娛樂，使他們的感情轉離耶穌基督。

浪子的經驗

浪子的教訓乃是專為教導青年而賜予的。浪子在追求享樂和罪惡的放縱生活中，耗盡了他的財產。他流落異鄉、舉目無親、衣衫襤褸、食不果腹，甚至想拿養豬的食物充饑。他最後的一線希望是懺悔而自卑地回到父家，在那裡他受到接納、歡迎，得蒙饒恕，重回慈父的懷抱。現今有許多青少年正像他一樣，過著放肆、玩樂的生活，離棄了活水的泉源，就是那真正喜樂的源頭，反為自己鑿出破裂不能存水的池子。

上帝恩慈的邀請

上帝向每一個青少年發出邀請說：「我兒，要將你的心歸我；我必保守它純潔，我要以真正的福樂來滿足它的渴望。」上帝喜愛使青年愉快，故此祂要他們將自己的心交給祂保守，使上帝所賜與的一切天賦保持健全的狀態。他們已經承受了上帝所賜生命的恩。我們在追求那使我們轉離上帝的娛樂時，便是干犯己身，並且得罪上帝了。青少年要思考，他們生存於世經受考驗，乃是要測試他們是否已具有配與天使一同生活的品格。

當你的朋友勸誘你走上罪惡愚妄的道途，而你周圍的人都在試探你，叫你忘記上帝、敗壞上帝所交託給你的才能，並貶低你天性中一切高貴的成分時，務要抗拒他們。總要記得你乃是主的產業，是以上帝之子的患難與痛苦的重價所買來的。

主耶穌要求你的服務。祂愛你。你若懷疑祂的愛，就望向髑髏地吧！那從十字架上反射出來的光輝，向你彰顯了祂莫可言喻之愛的浩大。「有了我的命令又遵守的，這人就是愛我的。」我們先要藉殷勤研究熟悉上帝的誡命，然後再顯明自己乃是祂順服的兒女。

上帝諸般的恩慈時刻環繞著你，所以時常默念每日所享福惠的源頭以及是如何被賜予的，對你而言頗有裨益。要讓上帝所賜寶貴的福惠在你心裡喚起感恩之念。你無法數算上帝的恩惠，因為祂對你恆久不斷的愛，猶如復甦的雨點那樣多不勝數。慈雲時常臨近你，準備隨時降落在你身上。你若感佩救恩的寶貴賞賜，能體會每

日的復甦和耶穌的保佑與慈愛；你必得蒙引領行在平安的道路上。

　　要觀察自然界中上帝的榮美事物，使你的心因感恩而傾慕那位賜與者。有大自然的課本提供心靈從事有益的研究。要睜開你悟性的眼目，看出自然界中上帝律例的美妙和諧，敬畏尊崇你的創造者，天地的大主宰。要以信心的眼目瞻望祂正慈愛地垂顧你，以悲憫之聲說：「我的兒子，我的女兒啊，當將你的心歸我。」要歸降耶穌，這樣你便能以感恩之心說：「我知道我的救贖主活著。」你對耶穌的信心必能加強你的意志，使你的品格堅定不移。

　　你今生一切的幸福、平安、喜樂與成功，全在乎真誠地信賴上帝。這種信心必使你真正順服上帝的誡命。你對上帝所有的認識和信心，乃是遏止諸般惡行的最大力量，也是一切善行的動機。當信耶穌為赦免你一切罪惡的主，祂渴望你在祂所預備的住處享受福樂。並在祂面前存留，承受永恆的生命和榮耀的冠冕。（1887 年 1 月 5 日《青年導報》）

交友的影響

　　青少年結交朋友是不可避免的，也難免受到他們的影響。一個人可以感受另一人的觀念、情緒與精神。這種交往若非福惠，就是禍患。青少年可能互助互勉，在品行、性情和知識上有所長進，也可能任由自己變成墮落之人，結果產生敗德的影響。

　　擇友乃是學生應學習並加以慎重考慮的。在我們學校的青年當

中，常發現有兩等人：有的力求得蒙上帝的喜悅，並服從師長；有的卻心懷違法犯紀之念。如果青少年隨眾行惡，他們的影響勢必倒向撒但那一邊，他們也必引誘那些沒有原則的人。

「欲知其人，先觀其友。」這話說的一點不錯。青少年並未察覺他們所揀選的友伴如何顯著地影響他們的品格和名譽。人總喜歡和嗜好、習慣相投的人交友。凡選擇與愚妄邪惡之人相交的，就顯明自己的品格是不健全的。他的愛好和習慣可能在起初時與他交往的朋友完全不同，但他既與這等人來往，思想與感情就有所改變；於是他便犧牲原則，不知不覺淪落成與他的朋友相同。

能力的衡量

品格的堅定在於兩大要素：意志和自制。許多青年誤以為強烈而不受遏制的情緒為品格的堅強；其實一個不能控制自己情緒的人乃是弱者。人真正的偉大和高尚，乃是根據他抑制自己情緒的能力來衡量。即使深受侮辱、仍能抑制情緒並饒恕仇敵的人，才配稱為強者。

上帝雖已賜予我們智力和道德力，但各人都是自己品格的建築師。上帝的聖言警告我們，務要注意建築的方法，並要確定是建立在永固的磐石上。日子將到，我們的工作必會原原本本地顯露出來。現在正是各人培養上帝所賜能力的機會，以便在此世塑造有為的品格，預備將來度更高尚的生活。篤信基督為個人的救主，必能使品格堅強而穩固。

　　青少年之所以犯下嚴重錯誤，乃是因為他們不會從年長者的經驗中學習。學生對於父母和師長的忠告與指導，不可一笑置之或藐視。他們應該珍視每一項教訓，認明自己需要更深入的指導。基督一旦因信住在心中，祂的靈就必成為潔淨並振興靈命的能力。心中的真理就能在生活上發揮改變的影響。

　　凡離家在外，不再受父母直接管教的學生，務要記得，他們的天父時常垂顧他們。祂憐愛青年，深知他們所有的需要，明瞭他們遭逢的試探。每當他們察覺自己的需要並尋求祂的幫助，祂就必預備好隨時幫助他們。同學們，父母為你們獻上的祈禱晝夜不住地升達上帝台前；他們以慈心天天惦記著你們。務要聽從他們的勸勉和忠告，盡全力超越那環繞你們的邪惡。你們無從辨識仇敵如何陰險地活動，企圖玷污你們的思想和習慣，並在心中鑄成不正當的原則。行在享樂之道的初始，或許看不出什麼真實的危險，並以為自己很容易改邪歸正，猶如未屈從惡行之前一樣。但這就錯了！許多人由於濫交惡友，便逐步偏離純正的道路，陷他們於一度認為自己不可能淪入的深淵。

　　那謹守真理並對自己本分有正確觀念的學生，在影響他的同儕歸向基督的事上大有可為。凡與救主一同負軛的青年絕不任性；他們既在精神上與基督一致，就必在行動上也與祂聯合。學長和學姐應當記得，他們可以影響年輕同學的習慣與行為，而且也應當竭力善用每一次機會。但願這班學生不因他們的影響而將同學出賣於仇敵手中。

忠實可靠

　　青年人，你們是否要成為忠實可靠，準備在任何情況下作堅持正義的人，全在乎你們自己決定！你期望養成正當的習慣嗎？那麼就當與道德觀念正確、一心向善的人為友。善良的品格乃是比金銀更為寶貴的資本。它不受經濟恐慌或破產的影響，在所有屬世財物都化為烏有的那日，它必獲得豐厚的報償。正直、堅定和恆忍，乃是人人所當認真培養的特質，可以使擁有者披上無可抵抗的能力——就是使人樂於行善、堅強抗拒罪惡和應付逆境的能力。愛好真理，以及榮耀上帝的責任感，乃是增進智力最強有力的動機。學生有了這種動機，就會成為認真的人。他必將猶如置身於上帝垂顧之下從事研讀，確知全天庭都在參與他的教育工作。他必成為高尚和藹、彬彬有禮、與基督相似、行事果效宏大的人。他的心靈和意志都必與上帝和諧一致。（《教育勉言》第 220-226 頁）

感化力

　　基督的生活乃是一種廣大無邊的感化力，這感化力將祂與上帝，也與全人類聯結在一起。上帝已藉著基督將感化力授與人，使人不可能專為自己而活。就個人而言，我們與同胞相連，是上帝大家庭的一分子，都對於彼此負有相互的義務。無論誰也不能獨自生存，因為各人的幸福是互相影響的。上帝的旨意乃是要各人覺得自己對別人的福利乃是必需的，並且要設法促進他們的幸福。

我們的責任

我們的言語、舉動、外表、行為，甚至連臉上的表情，都具有感化力。這些行為造成印象，其結果或善或惡是沒有人能衡量的，而且藉由此所傳達的每一個刺激都是撒下去的種子，將來必有收穫。如果我們能因自己的榜樣，幫助別人在善良的原則上有所長進，那麼我們就是加給了他們行善的能力，然後他們再以同樣的感化力傳給別人。這樣藉著我們無意中的感化力，千萬人就蒙福了。一塊小石子拋進湖心就可激起漣漪，這漣漪接二連三地擴散，圓圈越來越大，直達到岸邊。我們的感化力也是如此。它超出我們的知識與控制力之外，或為人造福，或為人肇禍。

人格就是力量。一個真誠、無私、敬虔的人生所做的無聲見證，帶有一種幾乎不可抗拒的感化力。我們若在自己本身的生活上表現基督的品格，那就是在救人的工作上與祂合作了。只有在生活上表現祂的品格，我們才能與祂合作。我們感化力的範圍越大，所能成就的善事也就越多。那些自認是事奉上帝的人效法基督的榜樣、在日常生活上實行律法的原則時，並且他們的每一行動也都證明他們以愛上帝為至上、愛鄰舍如同自己時，教會就必擁有可以震撼世界的力量。（《基督實訓》第339、340頁；見《天路》第295、296頁）

社交的選擇

我們理應選擇對靈性最有利的社交，並充分利用所能得到的各種幫助，因為撒但要佈下許多障礙，使我們的天國之旅艱難重重。

許多人的處境都因不能得遂所願，而陷入難堪的境況，但我們不應自甘暴露在不利於建造基督化品格的影響之下。若因職責所在不得不如此，就當加倍地儆醒禱告，倚靠基督的恩典不致腐化。

羅得選擇在所多瑪城安家，因他注重可以得到的屬世利益，沒有顧及環繞他和他家庭的道德氣氛。但他後來得到了什麼屬世的事物嗎？他的財產都被毀滅，一部份兒女也與那邪惡的城市同遭毀滅，甚至連他的妻子都變成了鹽柱，他自己雖然得救，却「像從火裡經過的一樣」。他那出於自私的選擇所產生的惡果還不僅如此；那地方的道德敗壞已深深玷污他兒女的品格，以致他們無法辨識善與惡或罪與義了。（1884年5月29日《時兆》）

愛人如己

你在與人交往時，總要設身處地為他們著想。要了解他們的情感、困難、失望、喜樂和憂傷。當與他們合一，對待他們就像你和他們易地而處時，你希望對方如何待你一樣。這就是誠實的真規則。這是「愛人如己」之律法的另一種表現。而這也是先知道理的總網。這金科玉律乃是真禮貌的原則，它最正確的實例就在耶穌的生活與品德之中。我們救主從日常生活中照耀出來的品格是何等柔和美妙的光輝！祂的臨格洋溢出何等大的芳香！同樣的精神也必表現在祂兒女的身上。凡有基督同在的人，必為神聖的氣氛所環繞。凡對於構成完全品格的素質具有真實概念的人，就會表現基督的同情和溫柔。恩典的感化會軟化人心、潔淨人的情感、賦與天生的優

美與禮儀的觀念。（《山邊寶訓》第 192、193 頁）

真實的高尚

主耶穌要我們承認每一個人的權利。無論是人在社會上的權利，還是作基督徒的權利，都應當加以重視。當以高雅殷勤對待眾人，且視之為上帝的兒女。基督能使人成為君子，如同祂一樣，祂原是彬彬有禮的，甚至對待逼迫祂的人也是如此；凡真正跟從祂的人也必表現同樣的精神。保羅被帶到官長面前時，他在亞基帕王面前的演說，是真禮貌和擁有說服人之辯才的例證。福音並不助長世俗風行的客套，卻鼓勵那出自真心的禮貌。刻意且表面的禮儀，無法摒除急燥、苛評和不適當的言語。人只要仍存有惟我獨尊的態度，就無法顯出真正的文雅。愛必須存在心中，因為一個純全基督徒的行為動機，是從他內心深處愛主的意念而生的。惟有愛基督的心，才能產生對兄弟姐妹無私的關懷。（《服務真詮》第 489、490 頁）

真禮貌的需要

凡明白上帝旨意的男女，都應當學習如何在祂聖工上作有效的工人。他們應是彬彬有禮、善解人意的人，無世俗之輩矯揉造作的態度，和裝腔作態的假笑。他們表現的是帶有天國氣氛的修養和真禮貌，這是每一與上帝性情有分的基督徒必有的。守安息日之人若缺乏真正高尚的品德和基督徒的修養，這對於我們整個團體乃是不利的，而且將使我們所承受的信仰真理受人厭惡。如果相信真理的人現在不利用自己的特權與機會長大成人，滿有基督耶穌長成的身

量，他們就必不能將榮耀歸於真理的事業，也不能榮耀基督。（《教會證言》卷四第 358、359 頁）

友伴的選擇

青少年應慎重考慮自己一生的目的與工作，並奠定人生的基礎，務使自己的習慣不腐化。我們可以從蓮花學習一項教訓，縱然被許多足以敗壞道德並腐蝕心靈的惡所包圍，我們仍可拒絕受到腐化，並置身於邪惡社交不致腐化我們心靈之處。青少年應當與那些以穩健步伐力爭上游的人為伍。惟願青少年要常與那些敬愛上帝的人交往；那盛開潔白的蓮花，正是代表這些高尚而堅定的人。他們拒絕任何足以敗壞道德的影響，而單單汲取能幫助他們培養純潔高尚之特質的一切。（1893 年 1 月 5 日《青年導報》）

言語足以造就人

語言才幹的濫用已經損害了上帝的聖工，也侮辱了上帝。人心中既懷藏嫉妒、猜疑和自私，所講的話就顯露內在的敗壞。許多自稱基督名下的人慣於放任惡念與惡言。這些人很少提到上帝將祂兒子賜給世人所彰顯的良善、憐憫與慈愛。我們若真愛基督，就必在言語上榮耀祂。不信的人往往會因聽見頌讚和感謝上帝的純潔言語而受到感動與信服。（1898 年 1 月 25 日《評論與通訊》）

在學術上受過最良好教育的人，未必都是上帝能使用的有效器皿。許多人發現自己被棄置一旁，被一些在知識上遠不如他們的

人取而代之；這乃是因後者具有日常生活需用的實際知識；而那些自以為有學問的人，往往終止學習而自滿自負、不肖受教，甚至連最偉大的教師耶穌，他們也不願向祂求教。凡藉查考《聖經》增進理解力而得以辨識上帝旨意的人，必居於有為的地位，因為上帝的聖言已經深入他們生活和品格之中。這聖言必成就特殊的工作，甚至魂與靈、骨節與骨髓，都被刺入剖開，連心中的思想和主意也都一一辨明。上帝的聖言要成為基督徒增強靈性和智力的養分，使他可以為真理和公義而戰。

降低標準的原因

為什麼我們的青年，甚至較為年長的人，都容易陷入試探和罪惡之中呢？那是因為他們沒有研究並思想上帝的聖言。如果聖言受到重視，就必有內在的正直，在靈性上充滿力量，足以抵抗撒但引誘作惡的試探。他們沒有揀選那上好的福分，學習像馬利亞一樣坐在耶穌腳前，聆聽那位神聖教師最聖潔的教訓，以便存記在心，並在日常生活中實踐出來。天國乃是純正聖潔的地方，任何人若非經過鍛鍊、洗滌、潔淨，成為屬靈的，就不能進去。我們有一番須為自己而做的工作，惟有從那穌領受能力方能作成。我們應當以《聖經》為研究的對象，超越任何其他的書本；我們應當喜愛它，並且承認它為上帝的聲音且順從它。我們必須辨察並明瞭祂的禁例和規條，也要體會上帝聖言的真義。

需要具有屬天的心意

我既以上帝的聖言為自己的顧問，並在《聖經》中尋求真光，天上使者就必臨近，來感動心意並啟迪悟性，使我能實實在在地說：「祢的言語一解開，就發出亮光，使愚人通達。」若不太注重上帝的聖言，則在一般自稱相信基督教的青少年中很少表現屬天的心意，也就不足為奇。大衛的祈禱乃是：「求祢使我明白你的訓詞，我就思想祢的奇事。」如果我們的青少年和年長的人相處時，在思想上受到正確的指導，他們的談話就必與高尚的話題有關。人的思想純潔，心思被上帝的真理所提拔，則言語也必具有同樣的特質，「就如金蘋果放在銀網子裡。」

成聖的工作

基督和天國一旦成為思想的主題，則言談必與其有關。話語中必有恩惠調和，而發言者也必證明他曾在神聖大教師的門下受教。詩人說：「我揀選了忠信的道，將祢的典章擺在我面前。」他非常珍視上帝的聖言。聖言已深入於他的悟性之中。……每天每時都必須克己，並有成聖的工在心中進行；如此一來，外表的行為就必證明確有耶穌居住在心。成聖的工能使心靈吸收知識的通路、擴展心智並激發它去探求真理，像搜尋隱藏的財寶一樣。

我奉勸各級學校和大學的同學們，務要相信耶穌是你們的救主。要相信當你們本著誠心實意尋求祂時，祂要隨時賜恩幫助你們。你們務要為真道打那美好的仗，要為生命的冠冕而較力爭勝。

務要努力奮鬥，因為撒但的魔掌正放在你們身上。仇敵環伺於你的左右前後，你必須把他踐踏於腳下。要努力奮鬥，但一定要倚靠你復活之主的能力。 （1888 年 8 月 21 日《評論與通訊》；參看《基督教育原理》第 129-137 頁）

聖經教導
年輕人的
(告青年書精簡版)
15
堂課

SHARE

HOW TO
SAY
"NO"

第十五篇
戀愛與婚姻

WORK
HARDER!

堅持愛主

Jesus
is
Love

家庭的關係乃是世上最親密溫馨、且最神聖的；它原是為謀求人類的幸福而制定。無論何處，婚約的締結若源於理性，本著敬畏上帝的心，並接受婚約的責任，則家庭關係確是福惠。（《服務真詮》第356、357頁）

真誠的愛

愛是一種珍貴的恩賜，是我們從耶穌那裡所領受的。純潔神聖的愛並不是一種感覺，乃是一項原則。凡為真誠的愛所激勵的人，既不會無理性，也不會是盲目的。他們既蒙聖靈的教導，就以愛上帝為至上，並且愛鄰舍如同自己。但願正考慮結婚的人，能審慎思考與締結終身之人的一切情感，觀察其品格及各方面的發展。在婚姻進程的每一步驟中，都當表現謹慎、純樸、真誠，因婚姻一事影響婚後人生和來世生活。

虛心求教

你若幸運擁有敬虔的父母，就當求教於他們。將你的希望和計畫向他們陳明，學習他們人生經歷的教訓，這樣就可免去許多痛心之事。最重要的是：當以基督作你的顧問。要憑著祈禱研究祂的聖言。但願年輕女性在這樣的指導之下，能找到一位純潔、剛強、勤儉、有抱負、誠實、敬畏上帝的對象，為其終身伴侶。也願年輕男性能尋求一位能分享人生重擔，其感化力使他高貴又文雅，並使

他在愛中獲得幸福的女子守在他的身旁。「賢慧的妻子，是耶和華
所賜的。」「她丈夫心裡倚靠她，……她一生使丈夫有益無損。」
「……她的兒女起來稱她有福；她的丈夫也稱讚她說：才德女子很
多，惟獨你超過一切。」得到這樣一位妻子的人，便是「得著好處，
也是蒙了耶和華的恩惠。」（《服務真詮》第358、359頁）

伴侶的選擇

　　基督化青年在建立友誼和選擇伴侶的事上，應要十分謹慎。務
要提防，以免你現在以為是純金的、竟然是劣質的金屬。世俗化的
友伴易攔阻你事奉上帝，而且很不幸的，有許多人正是因與那些不
能使他們高尚尊貴的人、在事業或婚姻的關係上有了結合，以致敗
亡。上帝的子民萬不可冒險擅入禁地。（《基督教育原理》第500頁）

不適當的追求

　　若品格中缺少堅定和克己的特質，在獲得真正的宗教經驗上乃
是嚴重的障礙。應培養堅定正直的決心，因為這些特質乃是成功的
基督徒人生不可或缺的。如果你有正直的心志，就必不致於動搖而
偏離正義。任何動機都不足以使你偏離義務的正道，反而讓你對於
上帝忠貞不移。情感與戀愛的要求，和對友誼的渴望，都不足以使
你偏離真理與義務，也不因個人的愛好而犧牲本分。

　　青年男女若有任何一方不尊重上帝的要求，若忽視宗教信仰對
他們的約束，那麼他們也很可能會對丈夫或妻子的要求不予重視。

你習慣與愛人相處，而為此犧牲宗教上的權利和祈禱的時辰，乃是很危險的，其損失也是你承擔不起的。深夜獨處雖甚流行，卻為上帝所不悅，即使你們二人都是基督徒也不當如此。我希望你具有自重自愛之心，遠避這種求愛的方式。如果你專以榮耀上帝為念，就必謹慎小心，也不會讓戀愛的情感主義盲目你的心，以致看不出上帝在你這基督徒身上的崇高要求。（《教會證言》卷三第 44、45 頁）

悖逆的後果

人心渴求人類之愛，但用來代替耶穌的愛，卻不夠堅強、不夠純潔、也不夠珍貴。人惟有在救主那裡才能尋得智慧、能力和恩典去應付人生的操勞、責任和憂患。人應該以祂為自己的力量及嚮導。但願年輕人在將自己許給任何屬世朋友之前，先將自己奉獻給基督，不與人發生任何與此關係相違的情誼。凡尋求真幸福的人，必須有上天降福於他一切所行的事上。使人心和家庭充滿痛苦的原因，是因為違背上帝。你若不願家庭永遠被陰影籠罩，就絕不可與上帝為敵的人結合。

審慎判斷的必要

基於社會幸福和學生本身最高利益的需要起見，他們在本身品格尚未形成、判斷力尚未成熟，而且又不能享有父母的照管和指導時，不應嘗試選擇終身配偶。……凡力求保護青年脫離撒但的試探，並預備他們享有美好人生的人，乃是在從事有益的工作。我們樂見任何一個教育機關能正視青年的合宜管理與訓育的重要性。但

願這一群教師的努力最終能獲得成功。（《基督教育原理》第62、63頁）

需要忠告與指導

　　青年在這危險而敗壞的時代中，容易遭遇許多考驗與試探。不少人正在危險的港口航行，他們極需一個嚮導，卻拒絕接受幫助，自覺能為自己的船掌舵；殊不知他們的船隻行將觸礁，面臨使信仰和幸福破滅的危險。他們沉迷於戀愛與婚姻。在這一生最重要的時期，他們需要萬無一失的嚮導。在上帝的聖言中，這一切皆可得到。他們若不殷勤研究聖言，就難免要犯嚴重的錯誤，以致損害到自己和別人今生及來生的幸福。

　　許多人性格固執又莽撞，他們沒有聽從上帝聖言中明智的勸導，以致驕傲倔強的意志促使他們偏離了順服的道路。青年朋友們，要回顧你們過去的生活，並依照《聖經》的指示，思考自己的言行。你有沒有憑著良知，珍視《聖經》中教導對於父母應盡的本分？有沒有以親切敬愛之情，對待那自幼照顧你的慈母？你是否顧及她的期許，還是隨從自己的心意和計畫，使她傷心悲痛？你所信奉的真理有無使你的心成聖？如果沒有的話，你需要做一番深切縝密的功課，以糾正以往的錯誤。

完善的嚮導

　　《聖經》提供了完美的品格標準。這本由上帝所默示、由聖賢寫作的聖書，是人生一切境遇之中的完善嚮導。它清楚宣示當盡的

義務。若以之為人生的指南，其教訓就必引人向上。它必提高思想，改善品格，為內心帶來平安和喜樂。可惜許多青年竟然選擇自己作顧問和嚮導，自行解決他們的問題。這樣的青年更需要深入地研究《聖經》的教訓。他們必能在其篇章中發現對於父母、手足和朋友應盡的義務。第五條誡命說：「當孝敬父母，使你的日子在耶和華你上帝賜給你的地上得以長久。」還有，「你們作兒女的要在主裡聽從父母，這是理所當然的。」末時的徵兆之一，乃是兒女違背父母、忘恩負義、心不聖潔。上帝的聖言中滿載著命人孝敬父母的典章與訓諭。青年有許多應當學習的課題，其中最重要的乃是學會認識自己。他們對向父母所當盡的本分及義務應有正確的觀念，並常在基督門下學習如何柔和謙卑。他們一方面要敬愛並孝順自己的父母親，同時也要尊重教會中有經驗之長者的見解。

光明正大的行為

一個青年男子與一個青年女子背著她的父母交往，絕非高尚基督徒所當行的事。他可能借私下約會博得那女子的心，但這種行為卻不能表現上帝兒女所具有的高貴與正直。他們為求達到目的，所行的既不正大光明，又不符合《聖經》的標準，這就顯明他們不忠於那疼愛他們並竭力要作他們忠心監護者的人。在這種影響之下所建立的婚姻關係，乃是與上帝的聖言不相符的。凡有意引誘他人的女兒偏離本分、又使她對「當孝敬父母」的明確誡命在觀念上產生混亂，這樣的人是不會忠於婚姻義務的。

《聖經》譴責一切不誠實的行為，並吩咐人在任何情形下務要行事正直。凡以《聖經》為自己青年時期的嚮導、為腳前之燈的人，就必在各樣的事上順從其中的教訓。他縱然必須付出很大的犧牲，也不至為了成全某事而違犯律法。《聖經》所要求的乃是思想，言語，和行為的全然純潔。我們感謝上帝，因為祂的聖言乃是我們腳前的燈，使人不致迷失。

需要正確的判斷力

若有什麼問題是必需以理智及不為感情所動的判斷來思考的，那便是婚姻的問題。若有什麼時候是需要以《聖經》作顧問的，那就是在採取終身結合步驟之前。然而現今觀點卻認為婚姻應以情感為嚮導；可惜有太多例子就是因病態的唯情主義氾濫，導致無可避免的淪亡。青年在這方面並沒有發揮應有的智慧，婚姻問題似乎在他們身上發生了蠱惑力而不肯將自己降服於上帝。他們既被束縛，只得暗中祕密進行，惟恐有人干涉他們的計畫。在求愛和婚姻的事上採取不正大光明的方式，乃是大多數不幸的根源，其深度惟有上帝能洞悉。他們受了人的感情與衝動的迷惑，以致無心查考《聖經》、與上帝建立密切的關係。撒但深知他所玩弄的對象，並處處顯露地獄般的狡黠，設下網羅陷害生靈於淪亡。這精密又危險的羅網已設置好，要羈困年輕而不設防的人。它往往罩上一層光明的偽裝，凡身受其害的人，都在愁苦之中把自己刺透了。

當向父母求教

我們的青年何時才顯為智慧呢？有人好像一點都不顧及父母的希望和愛好，也不重視他們幹練的判斷力。第五誡乃是唯一帶有應許的誡命，但始終被輕視，甚至在戀愛的要求下被全然視若無睹。輕視母親的愛，辜負父親的照顧，這些罪已經記錄在許多青年的名下。許多人認為最好不要干擾年輕而又無經驗之人的愛情，但這正是最大的錯誤之一。戀愛問題需要從每一個角度來觀察。借重別人的經驗，以及雙方平心靜氣地衡量，乃是必需的。可惜這個問題竟被絕大多數人輕視。青年朋友們，務要以上帝和你敬虔的父母為你的顧問。要為這事祈禱。要觀察你所考慮與之命運相共的對方每一品格的發展。你採取的這一步，是你一生中最重要的一步，不可操之過急。你可以戀愛，但不可盲目地愛。

要慎重思考，你婚後的生活會是幸福的，還是不和諧且悲慘的。當思考以下問題：這個結合能幫助我更親近天國嗎？它能增進我對上帝的愛嗎？在考慮了這些問題之後若無違反其意，那你就儘可存著敬畏上帝之心進行。但你若對於要結合的對象之品格還未充分了解，就與他訂立了婚約，你也毋須認為既已訂婚就得履行婚約，卻是終身和一個你不敬愛的人結合。

以孝順父母為品格的索引

真正的愛乃是一株需要加以培養的樹。但願那希望享有平安幸福的結合，以及避免未來痛苦與悲傷的青年男女，在奉獻愛情之

前要查明：我的愛人有沒有母親？她的品德如何？他是否願意承擔對母親的責任？他是否關心她的期許和幸福？如果他不孝敬母親，是否還能向妻子表現尊敬與愛情，善意與關懷呢？婚姻的新鮮感過去之後，他還會愛我嗎？他會不會寬恕我的錯誤，或是時常吹毛求疵，蠻橫無理，一味專權呢？真正的愛情是能寬恕很多錯誤的；愛是不計較錯誤的。

不可依賴感情的衝動

青年太過信賴情感了。他們不應輕易許諾，或太容易為愛情迷人的外表所惑。現今流行的求愛，不過是一種欺騙和假冒的手法。若有何處需要應用良好的常識，那就是在這件事上了；但實際說來，在這件事上常識的作用甚少。如果兒女肯更加親近父母，肯信賴父母，向他們傾訴自己的喜樂和悲哀，就必免去許多未來痛心疾首之事。身為基督的兒女們，必視他們敬畏上帝之父母的寵愛與嘉許，勝於屬世的福分。父母能夠同情兒女，和他們一起禱告，求上帝護庇並引導他們。（1886年1月26日《評論與通訊》）

神聖之愛

在婚姻的終身結合之中，你們的愛情應對彼此的幸福有所貢獻，為對方的幸福而服務。這乃是上帝對你們所有的旨意。你們雖應融合為一，然而誰也不可讓自己的個性喪失於對方的個性之中。須知你們的個性乃是屬於上帝的。……人既為上帝而活，就必向祂奉獻其至高無上的愛。請問你們的愛情是否能使你們趨向於那位曾

為你們捨生的主？若是，則你們彼此間的愛就必與上天之愛相同了。（《教育證言》卷七，第45、46頁）

論早婚

愛情猶未成熟，判斷力還相當幼稚的少男少女，被青春的熱情所激動竟然衝動成婚。……童年時青梅竹馬的戀愛，往往導致可悲的結合，甚或仳離。過早的交往若未經父母同意，很少有幸福的結果。青年人的情感應加以約束，直到他們的年齡與經驗相當之時，才能安全而無損名譽。那不肯受遏制的，難免要陷於終身痛苦的危境中。不滿二十歲的青年很難判斷與他相仿的異性是否適於作終身的配偶；及至他們的判斷力漸趨成熟，才發現雙方已成為彼此終身的羈絆，難以互相增進幸福。（《嚴肅的忠告》第11、12頁）

明智與不智的婚姻

早婚乃是今日許多禍患的原因之一。過早結婚對於身體和心智都不適宜。許多青年受情感的驅使行事。而嚴重影響他們的禍福。許多人不肯聽從理智的勸解，或以基督徒的觀點而給予的教訓。……世上因錯誤的婚姻而充滿了痛苦與罪惡。有許多例子，在婚後數月之內，夫妻之間就發現彼此性情無法融洽；結果家庭應有的天國之仁愛和諧，竟充滿了不和的氣氛。瑣事上的爭執，養成了苦毒的氣憤。公然的爭論和口角，使家庭充滿了禍患，以致那應該在愛中合一的竟彼此疏遠了。如此，成千成萬的人因不明智的婚

姻，便犧牲了自己的身體和靈魂，誤入滅亡之途。

與不信的人同負一軛

與世俗結合是危險的事。撒但熟知許多青年男女結婚之日，就是他們宗教的經歷終止之時。他們或許還能在基督徒的生活上暫做努力，但一切的努力都必遭受到那不變的逆流頂撞。他們曾一度以談論自己的喜樂和希望為榮，但是不久他們再不願以此為話題，因為知道配偶對這些毫無興趣。於是撒但陰險地在他們四圍佈下懷疑網羅，以致對寶貴真理的信心漸漸消泯。撒但處心積慮要使青年人陷入罪中，他仇視一切足以使人對上帝和基督獲得正確觀念的事物。他的努力特別針對易於接受天賜亮光之地位的人。他裝作光明的天使，以似是而非的種種詭計來誘惑青年，有效地引他們逐步偏離義務之路。青年在朋友交往的事上，可能使友誼成為福樂或咒詛。他們可以互相造就，在品行智識上日日長進；也可能縱任自己疏忽失信，唯一的影響就是敗德。 (1899 年 8 月 10 日《青年導報》)

又嫁又娶

上帝將人類安置在世界上，他們有權吃喝、買賣、嫁娶；但惟有存心敬畏上帝而行才是安全的。挪亞的日子人們在婚姻方面所犯的大罪，就是上帝的兒子們同人的女子們結婚。自稱認識並敬畏上帝的人，與那些心地敗壞的人交往；他們不加辨識而任意嫁娶。今日有許多缺少深刻宗教經驗的人將步挪亞時代之人的後塵。他們不加思考，也不禱告，貿然結婚。許多人輕率地許下神聖婚姻的約，

猶如一次普通的交易一樣；他們締結婚約的動機並非出於真誠的愛。

迷戀如瘟疫一般

關於婚姻的思想在許多青年心中似乎發出了蠱惑之力。兩人相識就互相迷戀，將全副心神都灌注於這件事上。理智被蒙蔽，判斷力也被推翻。他們不聽任何勸告，不接受任何約束，卻一意孤行，不顧後果。那佔有他們的迷戀正像流行的瘟疫一般，好像無法制止。旁觀者雖已發現，他們的婚事若成，結果必導致終身的痛苦，但一切的勸勉和忠告都屬徒勞。這樣的結合可能使原來可以在上帝聖工蒙祂賜福的人，工作效能受到折損以至泯滅；但說理與勸導卻被置若罔聞。閱歷豐富之人的一切勸告全然無效，也無力改變他們出於慾念所作的決定。他們對於一切有關宗教的事全無興趣，彼此迷戀難捨，甚至忽略了人生的義務。

違背健康與廉恥的定律

撒但的使者正在窺探那些徹夜談愛的人。如果他們能睜開心眼，就必看見一位天使正在記錄他們的言行。健康和廉恥的定律全被違犯。耗費在戀愛上的光陰若留待婚後享受，則更為適宜。一般說來，結婚後一切求婚時所表現的熱愛也就此終結！深夜的放蕩行為，在這墮落的世代中往往造成雙方的淪亡。當一般男女如此不愛惜己身時，撒但必洋洋得意，而上帝的聖名卻因而蒙羞。他們結婚乃是由於情慾的衝動，及至新奇消失後，方才醒悟。在他們締結婚

約六月之後，彼此之間的感情就必改變。各人在婚後對自己所選擇的配偶有了更清楚的認識。各人在配偶身上發現了一些缺點，是他們在先前盲目之中所沒有看到的。在結婚的聖壇前所許的願也不能使他們結合在一起。由於倉促成婚的緣故造成了很多分居、離婚的事，給教會造成嚴重的混亂，即使在自稱為上帝的子民中亦是如此。

不顧勸告

這種又嫁又娶的事，乃是撒但特別的計謀之一，而且幾乎每次都是成功的。當有人將此事求問於我之時，我總覺非常痛心、無能為力。我雖然向他們講說上帝指示我的話，但他們多方提出疑問，力爭這乃是智舉，甚至如此去行。他們似乎毫無能力來遏制自己的心願和傾向。他們不以審慎和祈禱的精神思考這個問題，不把自己交在上帝手裡，聽候祂聖靈的指引。他們以為自己完全明白這個問題，不需要上帝所賜的智慧或別人所提供的勸導。等到他們後悔莫及之時，才發覺自己錯了，並已危害到今生的幸福和靈命的得救。他們若肯聽勸，就能夠為自己免去多年的痛苦和憂傷。其實對於一切堅決要遂行自己心願的人，一切勸導都是枉然，情感的衝動足以將人推越理智與見識所能提供的一切屏障。

真愛的特質

真愛發源於天國。它不是無理性、盲目的，它乃是純正而聖潔的。但內心的情慾則完全不同。純潔的愛必在一切計畫中念及上

帝，並要與上帝的靈完全和諧。但情慾則是倔強、急躁、無理、不受約束的，並要將其所揀選的對象當作偶像崇拜。一個擁有真愛的人，必在他一切言行上表彰上帝的恩典。在預備結婚的每一步都以貞節、樸質、誠實、道德和宗教為特徵。凡能如此受約束的人，就不致耽溺於彼此的交往而對信仰失去了興趣。婚姻一事足以影響你今生和來世的全部生活。真誠的基督徒，若非自覺已蒙上帝認可，絕不向這方面進行一步。他不願自做選擇，卻認為上帝必為他選擇。我們不可以單求自己的喜悅，因為基督也不求自己的喜悅。我的意思並非要人與他不愛的人結婚。這樣就是罪了。但萬不可容幻想和情緒主導以致滅亡。

我們這個世代的大多數婚姻，以及舉辦婚事的方式，乃是末日的一個預兆。人們都是如此堅決頑固，將上帝置之度外。宗教也被撇棄一旁，好像它對這嚴肅而重大的問題毫無關係似的。但自稱信奉上帝真理的人若不因真理成聖，使思想與品格高超，那麼他們在上帝面前還不如一個從未明白真理要求的罪人呢！（1888 年 9 月 25 日《評論與通訊》）

婚姻的責任

上天設立婚姻制度，旨在為人謀福；可惜就一般而論這個制度已被濫用，甚至成為可怕的咒詛。大多數的男女在締結婚約時所有的表現，似乎唯一待解決的問題只是他們彼此相愛與否。但他們應該明白，婚姻的關係所加給他們的責任遠甚於此。他們應該考慮到